JOSÉ GONZÁLEZ

DICCIONARIO BIOGRÁFICO DEL CARIATO

ERANDIQUE
COLECCIÓN

DICCIONARIO BIOGRÁFICO DEL CARIATO
JOSÉ GONZÁLEZ

©Colección Erandique
Supervisión Editorial: Óscar Flores López
Diseño de portada: Andrea Rodríguez
Administración: Tesla Rodas—Jessica Cordero
Director Ejecutivo: José Azcona Bocock
Primera Edición
Tegucigalpa, Honduras, diciembre de 2025

LA "ÚLTIMA VOLUNTAD" DEL POETA GONZÁLEZ

A pesar del paso del tiempo, el general Tiburcio Carías Andino mantiene cierta presencia en la vida de los hondureños. Es el único político de su generación con este honor. "En los tiempos de Carías", dicen los de mayor edad, aquellos que escucharon de boca de sus abuelos o padres que "uno podía dormir en esa época con la puerta abierta y nadie se atrevía a entrar a robar por temor a la ley".

También cuentan que en los dieciséis años de su gobierno, Carías Andino nunca solicitó un préstamo, pues no quiso endeudar más al país.

Hay quienes lo llaman "el fundador de la paz"…

Pero no hay que engañarse. Fueron dieciséis años de dictadura en los que, si bien no hubo guerras civiles, se persiguió, asesinó, torturó o exilió a los opositores políticos.

De esa forma, muchas mentes brillantes tuvieron que marcharse. Algunos escaparon a tiempo… Otros no lo lograron.

Arturo Martínez Galindo, por poner un   ejemplo, no tuvo tanta suerte y murió asesinado, según se cree, por órdenes de uno de los esbirros cariístas: Carlos Sanabria.

"William Krehm, estudioso del Cariato y sus hombres, cuenta que cuando los habitantes de Trujillo le contaron al general Carías sobre los desmanes de don Carlos, este, reflexionando un poco, les contestó: ´Ojalá tuviera un Carlos Sanabria en cada departamento´", —relata el poeta, historiador e investigador José González en este libro, Diccionario biográfico del Cariato.

Se le achaca —agrega— el asesinato del escritor Arturo Martínez Galindo, ocurrido en Sabá, Colón, el 4 de abril de 1940. Carlos Sanabria fue destituido de su cargo en 1955 por el entonces presidente Julio Lozano Díaz y, al verse sin empleo y desprotegido de sus antiguos aliados, optó por asilarse en Guatemala, donde murió el 18 de abril de 1973, a la edad de 77

5

años.

Sanabria y el propio autor de Aurelia San Martín, Sombra, El padre Ortega, La tentación y La Nati son apenas dos de muchos personajes que el Poeta José González, con la rigurosidad que le caracteriza y luego de muchos años de investigación, nos ayuda a conocer a través de Diccionario biográfico del Cariato.

El Maestro González elabora una lista de periodistas, políticos, diplomáticos, generales, escritores, poetas, abogados y esbirros que fueron beneficiados o perjudicados por la dictadura del "encierro, entierro o destierro".

No es la primera vez que convierte el tema de la dictadura cariísta en un libro.

En 1983, para el caso, publicó Poemas del Cariato, por Editorial Guaymuras. Allí hace el siguiente retrato de Eduardo "Guayo" Galeano, el esbirro más famoso y temido de la dictadura:

"Cuando el cáncer se le prendió en la espalda / Guayo Galeano se puso verde / pensó quemarse vivo / pero en ese entonces estaban prohibidos los incendios forestales / pensó (así de necio era), que le gustaría ser / un fantasma legendario / es decir / nunca darse por muerto".

En la página 19 de ese mismo libro aparece el poema titulado Ley Fernanda, dedicado a Fernando Zepeda Durón, uno de los ideólogos del Cariato, director de Diario La Época y hombre cercano al Hombrón de Zambrano:

"Don Fernando Zepeda Durón era un hombre extraño / periodista / sacristán / coronel / y licenciado / le echaba leña a los comunistas criollos / les decía cabrones / perros rabiosos / vendepatrias / con una saliva interminable / la calvicie le llegó como una enfermedad terrible / a los sesenta años / y canceló su rostro a las fotografías / ya no aparecía en La Épocacomo en sus dorados tiempos / de editor-director / cuando el periódico se repartía en los hoteles / y en las pocas embajadas / eran los tiempos de la Ley Fernanda y del Castillo de Omoa".

En Descripción botánica de Carías, el Poeta González hace una descripción del viejo dictador: "El general amaba las flores

/ y las hierbas que crecían en el patio de su casa / pasaba largos ratos / exterminando los insectos que intentaban devorarlas / es decir / que no le tenían miedo a su mirada / conocía las plantas venenosas y los hongos / que lo habían hecho llegar a los 70 / sin sufrir cáncer ni claustrofobia / de allí nació su amor por las granjas / por el ganado lechero y su bolo alimenticio".

"Varias veces, personas bondadosas e interesadas me han preguntado cuál de mis libros es el que más quiero. Sin dudarlo, respondo Poemas del Cariato. Fue mi primer amor. De ese libro se derivan y están contenidas las claves de mi poesía", señala el Poeta González con esa voz poderosa que hubiera deseado tener Juan el Bautista. "Después de publicar Poemas del Cariato, en 1984, comprendí que, para alcanzar otros estratos de lectura, geográficamente hablando, tenía que universalizar mi poesía. Por eso es que en mi segundo libro, Las órdenes superiores, hago un derroche de universalización de personajes conocidos a nivel mundial, cambiando el giro del intimismo local al universal".

LO ABSURDO, LO MAGNÁNIMO Y LO SORPRENDENTE

Considerado unánimemente como uno de los mejores poetas hondureños de los últimos cincuenta años, José González escribe versos que reflejan su personalidad, que es ingeniosa, burlesca, humorística, fuerte, sencilla, sin adornos innecesarios… y sin vanidad.

El poeta y editor Armando Maldonado señala que "José González es un constructor de una dialéctica donde lo mítico y lo cotidiano se funden para crear el lenguaje de lo nuevo, rozando los bordes de lo cómico, lo absurdo, lo sorprendente y lo magnánimo, todo en un mismo cuerpo poético".

Helen Umaña, nuestra amada Helen, dice que "Más intuitivo que cerebral, José González extrae poesía de los lugares y circunstancias menos imaginables. Su capacidad fabuladora diríase que brota por generación espontánea y, si dejamos de lado los persistentes hábitos miméticos de abordar el arte, hace de cada poema un pequeño y coherente mundo donde todo puede ocurrir".

Helen Umaña —sí, nuestra amada Helen— remata diciendo: "Y no existe palabra (por ilógico o por antipoética que aparente ser) que no contamine la fuerza de las otras 'más poéticas' que la rodean... Nada de sensiblerías ni tono dulzón. Una lección de autenticidad humana y una prueba de que José González busca senderos no trillados, alejados de una escritura vertida en moldes que se repiten hasta el cansancio".

José González sabe que es un excelente escritor, pero, a diferencia de la mayoría de sus colegas, no lo dice, ni lo grita acompañado de ridículas poses; simple y sencillamente lo demuestra.

No puedo evitar, al escribir estas líneas, recordar mi propio encuentro con la obra del Poeta

Lo conocí hace treinta y seis años (pido disculpas por personalizar esta parte del prólogo), a través de su libro Las órdenes superiores.

"Todavía recuerdo el impacto que provocó en mi alma aquel poema Monólogo de Roque Dalton: "Dentro de pocas horas / vendrá la muerte a bosquejarme / ha de encontrarme tierno / bello para sus brazos / afuera, detrás de estos barrotes de yeso / la noche da vueltas / como la cola de un animal ponzoñoso".

El poema también conmovió el espíritu del jurado del Premio Plural de Poesía 1984 de México, pues decidió otorgarle por unanimidad el primer lugar a José González.

Solo un mago de la palabra puede sintetizar en un pequeño libro de 11 centímetros por 18 centímetros una de las épocas más oscuras de la Honduras del siglo XX.

Aunque siempre tuve por él una profunda admiración, fue hasta 2020 que me comuniqué con el Poeta a través de Facebook. Luego lo visité en su casa en La Paz; más tarde tuve el honor de compartir una lectura en la Casa de la Cultura de esa misma ciudad. Desde entonces nos comunicamos con frecuencia, en un intercambio que el poeta acompaña con buen humor.

Así quedó reflejado en un mensaje que me envió el 13 de

septiembre de este año.

"Según el Comité Hondureño de Viudas Bondadosas, me quedan seis meses de vida. Mi última voluntad es que Erandique publique esta obra que está inevitable y en la que me esforcé varios años para terminarla. Cedo completamente gratis los derechos de publicación. Cumpla mi último deseo, please".

Había en ese mensaje, obvio está, verdad y broma, pues hemos averiguado, gracias a nuestros contactos en ese inexistente Comité Hondureño de Viudas Bondadosas, que al poeta le quedan por lo menos cincuenta años más de vida.

En todo caso, que su muerte sea como en su poema Tres tiros de gracia:

El primero me lo pegué en la sien / pero no moría. / Sangraba mucho, pero no moría. / El segundo, en el pecho, a corazón abierto, / y tampoco moría. / Entonces mi mujer me pasó un libro / y allí, oculta entre sus páginas, venía la muerte.

Aunque ha ganado varios premios internacionales de poesía, José González (el Poeta favorito de mi esposa; otra vez pido disculpas por personalizar este prólogo) vive alejado de todo ruido allá en la ciudad de La Paz; no hay otra personalidad más importante que él a miles de kilómetros a la redonda, pero él no deja que la vanidad cruce el portón de su casa.

Así que va un doble agradecimiento de mi parte: por el cariño, la amistad y el buen humor; y por la generosidad de permitirnos publicar Diccionario biográfico del Cariato.

P. D. Es mi última voluntad que los hondureños, desde la escuela, lean los poemas del poeta José González.

ÓSCAR FLORES LÓPEZ/Editor Colección Erandique

A

Aguilar O. (Osegueda), Leopoldo

Notable maestro e historiador. Se graduó de Maestro en 1907, siendo discípulo del venerable educador guatemalteco, Pedro Nufio. Después de laborar en varios lugares del país, ejerciendo su apostolado, se afincó en San Pedro Sula, en 1914. Renunció a la cátedra por negarse a firmar el **"Libro de oro de Carías"**, dando ejemplo con ello, de la enorme dignidad que lo rodeaba. Fue prisionero del Cariato, cuando se le capturó por participar y alentar la marcha del 6 de julio de 1944 y sufrió durante su permanencia como prisionero político, toda clase de vejámenes, saliendo de prisión muy enfermo del corazón, del cual fue víctima el 5 de septiembre de 1948, viviendo en La Lima. Aguilar Osegueda, había nacido en Armenia, Francisco Morazán, el 11 de abril de 1886.

Artículo de Leopoldo Aguilar en la revista Alma Latina, edición de junio de 1936.

Agüero, Juan Ramón

Nació en Reitoca, Francisco Morazán, el 27 de mayo de 1907 y murió en Tegucigalpa, el 20 de abril de 1971. Antólogo de pluma dulce e indolora, de estilo platónico y panegiristico. Fue un destacado telegrafista y periodista. Esta carrera la comenzó en Trujillo, como redactor del semanario "Palpitaciones", en 1948. Desaparecido este medio, laboró en la "Voz de Colón", que dirigía el periodista Mario Soto Ramírez. Siempre en Trujillo, fue director del mensuario "Rugidos", vocero leonístico local, en 1953. Trasladado a Tegucigalpa, trabajó en "El Semáforo", semanario que era dirigido por don Tito Aplícano Mendieta. En 1943, publicó el libro "Un reformador y su obra", en torno a la figura del Gral. Tiburcio Carías Andino.

Albir, José María

Nació en El Ocotal, Nueva Segovia, Nicaragua, el 12 de mayo de 1895. Hijo de padre hondureño, Pablo Francisco Albir y madre nicaragüense, Adelaida López Valecillo. En 1912, partió para Guatemala, donde además de iniciar estudios de Derecho, participó en las luchas por derrocar al dictador Estrada Cabrera. Fue electo Diputado a la Asamblea Legislativa Federal en 1921. Con tal cargo, ingresó a Honduras junto a otros diputados de la delegación guatemalteca. Al prohibirles la dictadura "cabrerista", el regreso, Albir optó por quedarse en Honduras, escogiendo esta parcela como destierro.

Connotado orador, razón por la cual le apodaban "pico de oro", se unió a las falanges del Partido Nacional y se convirtió en un hombre muy cercano a Carías, a quien había conocido en El Ocotal, cuando este estaba exiliado y se preparaba a darle batalla a la dictadura del General López Gutiérrez. Resultó electo a la Asamblea Nacional Constituyente de 1924, donde a decir de muchos, "dejó huellas luminosas en el código fundamental". Cuando Carías asume la presidencia en 1933, Albir es nombrado Secretario Privado del mandatario. Albir, fue hermano del poeta Francisco José Albir, quien, junto a Heliodoro Valle, Manuel Ramírez, Joaquín Soto y Julián R.

Cáceres, formaron un sólido y fecundo grupo cultural allá por 1914. Renunció a la Secretaría Privada, en 1937, debido al conflicto fronterizo entre Nicaragua y Honduras y ese mismo año fue nombrado Cónsul de Honduras en San Francisco, California. Allí se casó con la joven Ana Mejía Jessel, quienes no tuvieron descendencia. José María Albir, murió en San Francisco, California, el 19 de noviembre de 1976.

Alduvín Lozano, Ricardo Diego

Medico. Nació en Comayagüela, el 12 de noviembre de 1883. Hijo de Francisco Alduvín y Trinidad Lozano. Se graduó de Médico en México en 1911. Estando en Masaya, Nicaragua, contrajo matrimonio en 1915, con la señorita Manuela Abaunza. Posteriormente realizó estudios superiores en París. Fue Diplomático en Nicaragua, 1928 y en México, en 1929. Estando allí y sacando fuerzas de su admiración por el vate nacional, Juan Ramón Molina, publicó en una edición de bolsillo, la segunda edición, en poesía, de "Tierra, Mares y cielos". En 1935, siendo Profesor de Medicina de la Universidad Central de Tegucigalpa, fue exiliado del país, por oponerse al continuismo del General Tiburcio Carías Andino. Murió en el exilio, en Managua, Nicaragua, el 10 de mayo de 1963.

Alfaro Arriaga, Alejandro.

Escritor y diplomático. Nació en Naranjito, Santa Bárbara, el 17 de julio de 1907. Fueron sus padres, Martín Alfaro y Eusebia Arriaga. Se graduó de Maestro en la Escuela Normal de Varones de Tegucigalpa, en 1926. Prosiguió estudios de Jurisprudencia en la Universidad Central de Tegucigalpa, graduándose en 1937. Realizó estudios superiores en Boulder Colorado, en 1942. Durante el Cariato, fue Subsecretario de Relaciones Exteriores. Enviado por el gobierno a representar a Honduras en la toma de posesión del nuevo gobernante guatemalteco, Juan José Arévalo, sufrió ataques verbales de exiliados hondureño concentrados en el mismo evento. Murió en Tegucigalpa, el 7 de noviembre de 1976.

Aguirre, Salvador

Abogado de profesión. Fue Ministro de Fomento, Agricultura y Trabajo, en el Cariato, de 1933 a 1944. Nació en Comayagua, el 11 de agosto de 1862. Fueron sus padres, Isidoro Meza y Apolonia Aguirre. Después de graduarse en el famoso Colegio Tridentino, de su ciudad natal, abrazó estudios de Jurisprudencia, los cuales culminó en 1886, en la entonces Universidad Central de Tegucigalpa. Contrajo matrimonio en Comayagua, con la culta señorita Raquel Urbina el 25 de marzo de 1922. Dirigió el diario político "El Demócrata", en Tegucigalpa. Fue Magistrado en la Corte Suprema de Justicia y Ministro de Relaciones Exteriores en el gobierno provisional de Vicente Tosta y también en el gobierno democrático de Miguel Paz Baraona. Víctima de un certero ataque al corazón, murió en Tegucigalpa, el 22 de julio de 1944.

Alger Paz, Isabel.

Nació en el tranquilo pueblo de Pinalejo, Quimistán, Santa Bárbara, el 18 de septiembre de 1898. Fueron sus padres, el norteamericano William Alger ((1856-1917) y Mucia Paz Baraona (1868-¿?), hermana del expresidente Miguel Paz Baraona. Fue la mayor de 6 hermanos: Próspero (1899), Guillermo (1902), Felipe (1907), Jack (1910) y Leslie Mucia (1913-1978). Como hermana mayor, vivió mucho tiempo en Guatemala, donde murió su padre, en 1917. El 17 de julio de 1919, se presentó en la Legación Americana de Puerto Cortés para solicitar una visa americana.

Ella confiesa en la entrevista con el alto funcionario, que vivió en Guatemala entre 1913 a 1917; de 1917 a 1919, vivió en San Pedro Sula. Confiesa en esa entrevista también que desea viajar a Boston y California, pero no menciona Nueva York, donde el 29 de abril de 1920, contrae matrimonio en Manhattan, con el intelectual olanchano, Alfonso Guillén Zelaya, tiempo que coincide con la estadía de este en Nueva York, donde ejerció funciones de Cónsul. Junto a su esposo, calza las sandalias del destierro en 1933, hacia México, donde murieron ambos, Alfonso en 1947 y ella, el 17 de octubre de

1966, no sin antes encabezar una oposición política contra la dictadura del General Carías desde ese país.

Alonzo B (Brito), Tomás

Abogado. Nació en Tegucigalpa, el 25 de diciembre de 1890. Fueron sus padres, Tomás Alonzo González y Mercedes Brito. Realizó estudios de Jurisprudencia en la entonces Universidad Central de Honduras, graduándose en 1913. Contrajo matrimonio en 1920 con la señorita Cristina Medina. Diputado en la Constituyente de 1924; Subsecretario de Fomento, Obras Públicas, Agricultura y Trabajo. Se desempeñó como Magistrado en la Corte de Apelaciones de Tegucigalpa, en 1930 y como Presidente de la Corte Suprema de Justicia en 1936. Fue Rector de la Universidad Central de Honduras, entre 1947 y 1949. Murió en Tegucigalpa, el 13 de enero de 1985.

Alvarado Lozano, Jesús.

Periodista apologista del Partido Nacional. Nació en Santa Rosa de Copán, el 18 de marzo de 1909. Fueron sus padres, Jesús Alvarado y Laura Lozano. Contrajo matrimonio en 1937 con la señorita Mélida Rosa Ramírez. En 1944, fundó el periódico "El Bien Público" en Comayagua, desde cuyas páginas arengó la vigencia del General Carías y sus adláteres. Murió en Tegucigalpa, el 17 de junio de 1992.

Arriaga Amaya, Matías

Nació en La Esperanza, Intibucá, el 14 de marzo de 1907, Fueron sus padres, Luis Arriaga y Concepción Amaya. Contrajo matrimonio el 14 de enero de 1936, con la graciana, Victoria Pineda Zacapa. Posteriormente, se casó con la señorita Refugio Salgado. Fue Comandante de Plaza en El Progreso, Yoro, muy temido. Murió en San Pedro Sula, ciudad donde había fundado una fábrica de velas, el 5 de marzo de 1992.

Ayala Claros, Vicente.

Militar. Alcanzó el grado de General en su carrera militar. Nació en Santa Rosa de Copán, en 1877. Fueron sus padres, don

Marcos Ayala y doña Serafina Claros Pineda. Contrajo nupcias en 1918, en Santa Rosa de Copán, con la señorita Guillermina López. Durante el Cariato, ocupó puestos militares en Copán y Ocotepeque. Murió en Santa Rosa de Copán, en 1956.

B

Barnica Milla, Humberto

Militar cariísta de la zona occidental de Honduras. Nació en Santa Rosa de Copán el 11 de diciembre de 1899. Sus padres fueron José María Milla y Candelaria Barnica. Fungió como Comandante de Armas de Cortés y de Trinidad. En 1933, es nombrado Administrador de Rentas de Copán. Se casó en 1934 con la Profesora Alba Alvarado con la que procreó dos hijas. El mérito mayor de Barnica Milla, es haber fundado el quincenario "Copantl" de carácter apologético al régimen de Carías en la zona occidental de Honduras, en 1938. Murió el 19 de mayo de 1983.

Digno Gesto de Nuestro Querido Gobernante Gral. Carías Andino.

Tegucigalpa, D. C., 4 de Agosto de 1941.

Revista "Copantl".

Santa Rosa de Copán, D. D.

El Señor Presidente de la República Dr. y Gral. Tiburcio Carías Andino acaba de tener un gesto digno de sus preclaras virtudes ciudadanas divorciadas de toda vana ostentación que choque sus costumbres llanas y sencillas; y es el de haber declinado agradecido, pero de manera terminante, la erección de una estatua suya que la gratitud nacional quería levantarle en las majestuosas cumbres del histórico cerro El Picacho de esta Capital y como un acto consagratorio en la posteridad, al abnegado sostenedor de la paz y reconocido constructor de la nueva Honduras. El diario La Época al dar cuenta de este rasgo de la ingénita modestia del probo Mandatario hondureño siguiendo la hilación de sus anteriores comentarios, continúa diciendo así: "Volviendo al asunto de la estatua que la gratitud nacional, digamos con franqueza, que azules y colorados han querido erigirle en la altura del Picacho, amigos cercanos a él nos han manifestado, que el Gral. Carías Andino, altamente agradecido con todas aquellas personas de dentro y fuera de la República que han contribuido y propiciaron tal cosa, declina de manera terminante el homenaje y espera que él se haga cuando la historia lo haya juzgado en sus aspectos de caudillo, de estadista y de Mandatario. Y al hacer nosotros público tal suceso, lo hacemos admirando al hombre y rindiendo nuestro homenaje a quien de esta manera no hace más que hacer honor a su modestia, a su humildad y a su desprendimiento para todo lo que él considera que no es llegado el instante, que no es la hora de levantarle un monumento y que será la historia, únicamente la historia, si él lo merece, la que habrá de hacer lo que hoy se pospone, para cuando deje el Poder y la gratitud nacional empiece a comparar su obra, su conducta y su actuación." Y a continuación, sigue diciendo que el dinero recogido, el Gral. Carías Andino lo destinará a un acto de beneficencia pública, ya sea en el Hospital General, ya para el Asilo de Ancianos u Huérfanos o ya en lo que él estime de urgencia para la beneficencia pública. Esa cuantiosa suma servirá para algo útil, para algo que será en el recuerdo una veneración para el hombre que no quiso una estatua en vida, pero que con ese dinero levantó una obra, o dejó algo que sirva de lenitivo a la humanidad doliente.

José María Lanza Arias.

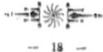

— 18 —

Quincenario Copantl, fundado por Humberto Barnica Milla.

Batres, Marco Antonio

Nació en Gracias, Lempira, el 10 de junio de 1902. Fueron sus padres, César P. Batres y doña Martina Cruz. Después de cursar sus estudios primarios en su ciudad natal, los continuó en el colegio graciano "Ramón Rosa", y en el colegio "La Independencia" de Santa Bárbara, culminándolos en el colegio "Álvaro Contreras" de Santa Rosa de Copán, donde se graduó de Bachiller en 1923. Un año después pasó a realizar estudios de Leyes en Guatemala, obteniendo su título de Abogado en 1927. Al volver a su país, fue incorporado a la Facultad de Derecho de la entonces Universidad Nacional.

Tuvo, además, otros cargos: Fue nombrado Juez de Letras en Gracias y Director del colegio "Ramón Rosa". En 1932, fue electo Diputado al Congreso Nacional. Fue Secretario de la Asamblea Nacional Constituyente de 1936. Otros cargos fueron: Fiscal General, Embajador en El Salvador y en el gobierno de Juan Manuel Gálvez, ocupó el Ministerio de Hacienda. El 25 de diciembre de 1930, se casó con la bella graciana Esther Galeano, con la cual tuvo 3 hijos: Ángel Antonio, César Augusto y Sidalia. Murió en Tegucigalpa, en 1984.

Bejarano, Máximo

Oriundo de Yamaranguila, Intibucá, donde nació el 16 de mayo de 1916. Fueron sus padres, don Viviano Lorenzo y doña María Bejarano. Realizó estudios militares en la entonces Escuela Básica, de Tegucigalpa. Contrajo matrimonio con la señorita Margarita Palacios Mejía, de La Esperanza, El matrimonio tuvo 5 hijos: Joselina, Celia, José Manuel, Margarita y Dora. Fue Mayor de Plaza en La Esperanza. Su reinado político y militar trascendió el Cariato, pues el 12 de julio de 1959, participó activamente con el Coronel Armando Velásquez Cerrato, en la fracasada intentona golpista contra el gobierno legítimo de Ramón Villeda Morales.

Después de este cruento evento, se asiló en Nicaragua y después, con su familia, en El Salvador. Regresó a Honduras, después del cruento golpe de estado contra Ramón Villeda Morales, el 3 de octubre de 1963. Murió en La Esperanza, diez años después, el 1 de agosto de 1973 y está enterrado en el cementerio local. Su esposa, murió el 26 de julio de 1992. Había nacido en La Esperanza, el 14 de marzo de 1914.

Bennaton Estévez, Luisa

Fue la esposa del malogrado escritor Arturo Martínez Galindo, asesinado por la Dictadura, el 4 de abril de 1940, en Sabá, Colón. Él y doña Luisa, se casaron en Nueva Orleans, el 30 de septiembre de 1929, cuando Martínez Galindo se encontraba en el exilio provocado por el gobierno de Paz Baraona. A la muerte de Martínez Galindo, el matrimonio se había disuelto. Doña Luisa, nació en San Pedro Sula, el 27 de noviembre de 1911 y murió en la misma ciudad el 4 de abril de 2012. Fue hija del próspero comerciante, Alfonso Bennaton y de su esposa, Francisca Eva Estévez.

Bermúdez Meza, Antonio

Abogado de profesión y literato. Fungió en el Cariato, como Ministro de Relaciones Exteriores, de 1933 a 1936, en el denominado "período constitucional". Además de Canciller, representó diplomáticamente a Honduras en Chile y Argentina. Hasta el día de su muerte, fungió como miembro de la Corte Suprema de Justicia. Nació en Juticalpa, el 10 de junio de 1881 y murió en Tegucigalpa el 25 de diciembre 1948. En vida se casó con la hermosa graciana Alejandrina Milla el 24 de diciembre de 1915 y procreo 5 hijos: Antonio, Mercedes, Alicia, Héctor y Alejandrina, futura Primera Dama de la nación.

Bermúdez Meza, Néstor

Entró al Cariato a través de la diplomacia. Comenzó su carrera en Francia, cuando fue nombrado Secretario de la Legación Hondureña en ese país, acompañando en su gestión a Julián López Pineda, uno de los intelectuales del régimen, quien llegó a Francia, a sustituir al también literato, Froylán Turcios, del cargo de representante hondureño ante el gobierno francés. Posteriormente, continuó su carrera en Cuba, terminado la misma en Panamá.

El 19 de agosto de 1931, contrajo matrimonio con la olanchana Virginia Zelaya. Hermano de los también intelectuales, Antonio y Rubén Bermúdez Meza. Nació en

Juticalpa, el 16 de abril de 1886 y murió en San Pedro Sula, el 29 de mayo de 1968.

Bertrand Anduray, Mariano

Mariano Bertrand Anduray nació en Morolica, Choluteca, el 3 de agosto de 1889, siendo sus padres Pascual Bertrand y Sebastiana Anduray de Bertrand. Estudió Comercio y Contaduría en León, Nicaragua, y la carrera de las armas en la Escuela Militar de Tegucigalpa. Fue Jefe de la Escuela Politécnica Nacional en 1911, profesor del Batallón de Veteranos , Mayor de Plaza de Choluteca y La Ceiba, Director General de Policía de San Pedro Sula, Comandante y Gobernador Político del Departamento de Valle, Director General de la Policía Nacional, Jefe de Estado Mayor Presidencial, Comandante y Gobernador Político de Tegucigalpa, Administrador de Rentas del Departamento de Francisco Morazán, miembro de la Comisión de Estudios de las Deudas Internas y Externas y Cónsul General de Honduras en Nueva York de 1929 a 1930. Fue el más alto dirigente del Partido Republicano de Honduras que se coaligó al Partido Liberal de Honduras dándole su respaldo al gobierno de Vicente Mejía Colindres. Fue diputado al Congreso Nacional en 1933 y expulsado a El Salvador al oponerse al continuismo. Fue autor de un libro sobre la Segunda Guerra Mundial que contiene estampas sobre los estadistas de ese tiempo como Franklin Delano Roosevelt, José Stalin y Winston Churchill; dirigió periódicos políticos y fue propietario de imprentas en el Distrito Central. Fallecido en 1948 al dirigir un movimiento armado contra el régimen de Tiburcio Carias Andino, quien gobernó el país de 1933 al 1 de enero de 1949.

Bográn, Graciela

Escritora y educadora. Nació en San Nicolás, Santa Bárbara, el 19 de octubre de 1896. Se trasladó a vivir a San Pedro Sula en 1901. Realizó, gracias a una beca como alumna aventajada, estudios de Magisterio, en la Escuela Normal de Señoritas de Tegucigalpa, de donde egresaría en 1914. En 1916, contrae matrimonio en San Pedro Sula con el intelectual Rubén Bermúdez Meza. En 1931, funda en San Pedro Sula, la revista

"Alma Latina", la cual con gran esfuerzo mantendría durante 5 años, convirtiéndose con ello, en la segunda mujer, después de Visitación Padilla, en editar una revista cultural en Honduras. Debido a la fuerte oposición que desde las páginas de "Alma Latina" se le hacía al continuismo del General Tiburcio Carías Andino, comenzó a sufrir persecución política a tal grado que no podía encontrar trabajo. El 6 de julio de 1944, consecuente con sus ideas libertarias, se une a la marcha de protesta contra la dictadura. Habiendo salvado milagrosamente su vida, se asila en la embajada de México y sale para ese país, vía Guatemala. Allí vivirá siete largos años, que no hacen más que reafirmar la fe del verdadero papel de la democracia y la mujer. En la capital azteca, mantiene lazos de amistad con políticos como Ángel Zúñiga Huete, Ricardo Alduvín e intelectuales como Rafael Heliodoro Valle. Regresa al país en 1951. El gobierno democrático de Julio Lozano Díaz, reconociendo sus altos méritos, la nombra como Agregada Cultural de Honduras en La Habana, Cuba, cargo que abandonará en 1957, para formar parte del gabinete, como Viceministra de Educación Pública, del régimen liberal de Ramón Villeda Morales, siendo este cargo desempeñado por primera vez por una mujer. Fue miembro del Comité Sampedrano de Mujeres, del Grupo Cultural "Ideas" y del Instituto Hondureño de Cultura Hispánica. También fue miembro de la Asociación de Prensa Sampedrana, siendo presidenta de esta organización en 1966. La Biblioteca Nacional de Honduras, reconociendo sus múltiples méritos, le otorgó la "Hoja de Laurel en Oro". Falleció en San Pedro Sula, el 28 de julio de 1994. La promoción educativa del año 1996, llevó su nombre. En vida, publicó el siguiente libro: "Exaltación a la madre hondureña", antología, 1958; En forma póstuma, aparecieron "Disertaciones", 1996 y "Escritos", dos volúmenes, 1997.

Bonilla de Larios, Emma

Nació con el nombre de María Emma del Socorro, el 14 de mayo de 1907, en Santa Tecla, El Salvador. Hija del expresidente hondureño, Policarpo Bonilla y doña Emma Gutiérrez Lardizábal. Se casó con Manuel Larios Córdova, médico especialista en radiología, oriundo de Yuscarán. Su cercanía con el Dr. Venancio Callejas, su cuñado, la vinculó al nacionalismo opositor a Carías. Al no apoyar Callejas, el continuismo, sus allegados y familiares sufrieron persecución y vigilancia extrema de todos sus movimientos. Como mujer, encabezó una de las marchas más grandes realizadas por las mujeres hondureñas, la que se realizó el 4 de julio de 1944 en Tegucigalpa. La misma recorrió varias calles y exigía entre otras cosas, la renuncia del mandatario y la libertad de los presos políticos del régimen. La marcha no tuvo el éxito esperado, pero marcó un hito en los acontecimientos futuros que llevaron a la terminación del Cariato. Falleció en Tegucigalpa, el 1 de septiembre de 1994.

Bonilla de Callejas, Juana.

Nació en Tegucigalpa, el 28 de octubre de 1904. Hija mayor de Policarpo Bonilla y Emma Gutiérrez. En 1932 contrajo matrimonio con el principal adversario de Carías Andino, dentro del Partido Nacional, el Dr. Venancio Callejas, por lo que al oponerse este al continuismo, fue extrañado del país, sufriendo pena y persecución, hasta su muerte, acaecida en Nueva Orleans, en 1947. Doña Juana, su viuda, murió en Tegucigalpa, el 20 de enero de 1985, a los 81 años de edad.

C

C. (Castro) Bustillo, Antonio

Nació en San Jerónimo Comayagua, el 13 de enero de 1871. Sus padres fueron don Joaquín Bustillo y doña Julia Castro. Realizó estudios de Jurisprudencia en la Universidad Central de Tegucigalpa, graduándose en 1910. Se casó en 1925, en Tegucigalpa, con la señorita Julia Rivera y tuvo tres hijas. Fue Diputado en las Asambleas Constituyentes de 1924 y 1936 y Alcalde Municipal de Comayagua. Fue miembro muy activo en las celebraciones del IV Centenario de fundación de su ciudad. Murió en Tegucigalpa, el 6 de junio de 1962 y está enterrado en Jardines de Paz Suyapa.

Cáceres, José Vicente

Es considerado como el hombre que moldeó las bases de la educación nacional durante el Cariato. Nació en Minas de Oro, Comayagua, el 27 de octubre de 1882. Hijo natural de María Purificación Cáceres. Bajo la égida del gran maestro Pedro Nufio, se graduó en la Escuela Normal de Varones, en 1907. El 21 de junio de 1910, contrajo matrimonio en Yoro con la dama Ana Tinoco. Después de una larga trayectoria en el sistema educativo nacional, asumió en 1933, el primer año del Cariato, la Dirección del Colegio Central de Varones de Tegucigalpa, que hoy en su honor, lleva su nombre, desde donde impuso, hasta el día de su muerte, una fuerte y austera disciplina, que rayó en la militarización. En 1932, año del precariato, dirigió el semanario político "El Dictamen", que apoyaba la elección de Carías a la primera magistratura. Murió en un accidente de aviación en Ocotepeque, en 1944. Se le conoció con el apodo de "el tunco Cáceres" por faltarle una mano.

Cáceres R. (Ríos), Julián

Oriundo de Comayagua, donde nació el 15 de octubre de 1891. Fueron sus padres, don José del Carmen Cáceres y doña Apolonia Ríos. En 1920, se graduó de Abogado en la Universidad Central de Tegucigalpa. El 16 de enero de 1926, contrajo matrimonio en Puerto Cortés, con la dama de origen italiano, Mariana Culotta. De ese matrimonio, vino al mundo, César Augusto Cáceres, el 9 de abril de 1927, siempre en Puerto Cortés. Al subir a la presidencia de Honduras, el General Carías Andino, escoge a don Julián como representante de Honduras en Washington, Como tal, le tocó encabezar la delegación nacional en las pláticas para la formación de las Naciones Unidas en 1945, pasada ya la conflagración mundial. Él fue el primer hondureño en representar el país en esa organización mundial. Una vez, terminadas sus funciones en el país norteamericano, es transferido y nombrado Embajador de Honduras en la república argentina, donde la muerte lo alcanzará, el 18 de julio de 1950. Sus restos fueron trasladaos de la capital argentina y descansan en suelo nacional.

Callejas Lozano, Venancio

Se convirtió en el precariato y durante el Cariato, en el más enconado rival y opositor de Carías desde el mismo Partido Nacional, del cual llegó a ser Presidente. La rivalidad llegó a ser más notoria, al acercarse los comicios generales de 1932. Carías fue nuevamente nominado por el Partido y como consuelo para Callejas, que creía que había llegado su momento político de aspirar por su partido a la Primera Magistratura, le fue concedida la candidatura a la Vicepresidencia, honor al cual declinó. Ante tal acción, Callejas fue sustituido por Abraham Williams Calderón. La renuncia de Callejas y el natural alejamiento de la actividad política de su partido, bastaron para que tanto su familia y su persona, fueran acosados y vigilados en sus movimientos diarios y naturales. En 1936, al acercarse la sucesión presidencial y comenzar una campaña nacional para asegurar el continuismo de Carías en el poder, Callejas volvió a oponerse férreamente ante tal situación y decide fundar el Partido Nacional Legalista, pero la maquinaria estatal del Partido Nacional, venció otra vez y el continuismo fue declarado al reformar, la Asamblea Nacional Constituyente, la Constitución vigente desde 1924. Ante el incremento del asedio policial, Callejas, huyó del país en enero de 1935, tomando un exilio voluntario primero en El Salvador, de donde fue expulsado por órdenes del mismo Carías, trasladándose entonces a Nicaragua, donde sufriría igual persecución por el sátrapa Somoza, radicándose finalmente en Costa Rica. Desde allí, seguiría contribuyendo a la oposición del régimen totalitario de Carías, hasta el día de su muerte, acaecida en Nueva Orleans, EE.UU., el 5 de septiembre de 1947. Nunca regresó al país, donde había nacido en la comunidad de Valle de Ángeles, el 11 de abril de 1886. Fueron sus padres, José Callejas y doña Mercedes Lozano. Realizó estudios de Odontología en Filadelfia, EE. UU. El 20 de mayo de 1924, contrajo en Tegucigalpa, matrimonio con Juanita Bonilla, hija del caudillo liberal y expresidente hondureño, Policarpo Bonilla.

Cálix Herrera, Manuel.

Nació en Juticalpa, Olancho, el 20 de julio de 1906. Se le considera como el fundador de los movimientos obreros en Honduras, siendo el primer Secretario del naciente Partido Comunista de Honduras. En el precariato, 1932, lanzó su candidatura a la presidencia nacional y organizó varias huelgas en la zona bananera de la costa norte hondureña. Siendo prisionero político del Cariato, salió en libertad para morir en su ciudad natal, el 11 de julio de 1939.

Canales Salazar, Félix.

Oriundo de Jesús de Otoro. Nació en 1889, fueron sus padres, Feliciano Canales y María de la Cruz Salazar. Realizó estudios de Ingeniería en México, culminándolos en 1915. Recién graduado, le tocó representar al país en el litigio fronterizo con Guatemala, en Washington, en 1918. Dicha comitiva era liderada por Policarpo Bonilla y la integraban, además, Rafael Heliodoro Valle y Medardo Zúniga Vega. Se casó con María Prisca Zúñiga Huete (1896-1988) lo que lo convirtió prácticamente en cuñado y camarada político de José Ángel Zúñiga Huete, líder del Partido Liberal, lo que lo convirtió en un exiliado frecuente del Cariísmo. Vivió en Costa Rica y México. Murió en Tegucigalpa, el 11 de septiembre de 1980.

Canales Salazar, Federico.

Ministro de Instrucción Pública en los gobiernos del doctor Miguel R. Dávila (1910) y del general Rafael López Gutiérrez (1920-1923). Nació en Jesús de Otoro, Intibucá, el 14 de marzo de 1878. Hijo de Filadelfo Canales y de María de la Cruz Salazar. Realizó sus estudios primarios en la escuela pública de Otoro, bajo la influencia del maestro Prudencio Aguilar; sus estudios secundarios en el Instituto Nacional de Tegucigalpa, donde se graduó de Bachiller en Ciencias y Letras y sus estudios universitarios en la Universidad Central de Honduras, en la que se graduó de Licenciado en Jurisprudencia y Ciencias Políticas en 1905.

Fue maestro de grado en la Escuela Superior de Señoritas que dirigía la maestra Jesús Medina Planas; Secretario del Instituto Nacional; catedrático de Gramática Castellana, Matemáticas, Geografía e Historia en la Escuela Normal de Señoritas; Subdirector y Secretario de la Escuela Normal de Varones; Director del Instituto Álvaro Contreras, de Santa Rosa de Copán; Subsecretario de Instrucción Pública, cargo que abandonó al comenzar el gobierno provisional de Francisco Bertrand.

Canales redactó el tercer Código de Instrucción Pública, aprobado el 29 de marzo de 1923 y conocido, por esa circunstancia, como Código Canales. Este nuevo código, considerado el mejor después del que redactara Ramón Rosa, establece la instrucción pública como "un fin primordial de las atribuciones del estado, relativas a promover y fomentar los procesos sociales"; el carácter laico, gratuito y obligatorio de la enseñanza costeada con fondos del Estado; la libertad de enseñanza, con la correspondiente inspección del gobierno para los establecimientos de enseñanza costeados por personas particulares; el carácter laico de "la enseñanza que se costee con fondos públicos"; la obligatoriedad y gratuidad de la enseñanza primaria; la prohibición para el Estado y las Municipalidades de "subvencionar establecimientos de enseñanza en donde la educación no sea laica"; el carácter potestativo de la asistencia a la escuela de los mayores de 15 años; el culto a la bandera y el canto del Himno Nacional en todos los establecimientos de enseñanza.

Fue Juez de Letras de los departamentos de Colón (1907), Cortés (1908) e Intibucá (1909); diputado por el departamento de Intibucá (1909), siendo redactor del Boletín Legislativo, junto a Carlos H. Reyes y José María Castro, y diputado por el departamento de Copán (1919). Cuando los acontecimientos de 1919, Federico C. Canales era director del Instituto Álvaro Contreras de Santa Rosa de Copán.

El Presidente Bertrand trataba de imponer la candidatura de su cuñado Nazario Soriano. Prorroga el estado de sito existente, por 60 días más, hasta el 28 de junio de ese año, y se persigue a los partidarios de las candidaturas del general Rafael López Gutiérrez, del Partido Liberal, y del doctor Alberto Mimbreño, del Partido Nacional.

Canales interpone la renuncia con carácter irrevocable y al despedirse de sus alumnos, les expresa: "Ahora que son estudiantes no deben tomar parte en la política, porque la primera misión de ustedes es prepararse para ser útiles a la patria y a la humanidad, y mañana, cuando ya estén preparados y la patria y el deber los llamen a las luchas políticas, procuren siempre defender la justicia, ser tolerantes, considerar siempre enaltecer el nombre de Honduras. Y a mí me encontraran en todo lugar y circunstancias dispuesto a servirles como maestro y amigo".

Se incorporó al movimiento armado que busca restablecer el orden constitucional. "Canales —sostiene Alvarado García— fue el alma del triunfo de la revolución, porque en Santa Rosa de Copán, logro zanjar las dificultades de los generales Vicente Tosta y J. Ernesto Alvarado". Por su beligerancia en la política nacional y por su posición frente a la dictadura de Carias Andino, fue procesado e inhabilitado para el ejercicio de su profesión y de sus derechos ciudadanos desde 1934 hasta el día de su muerte en 1950. (Fiallos Rivera, 1970).

Cantarero Palacios, Gualberto

Nació en la aldca de San Gerónimo, Jesús de Otoro, el 11 de julio de 1892. Fueron sus padres, don Catarino Cantarero y doña María del Carmen Palacios. Abogado, graduado en la Universidad Central en 1922. Contrajo matrimonio en 1928, con la señorita Antonia Gómez Puerto. Fue Diputado de la

Asamblea Nacional Constituyente de 1936, donde se definió el continuismo Cariísta. Murió el 20 de mayo de 1956.

Cantarero Suazo, Santos

Nació en Comayagua, el 1 de noviembre de 1905. Fueron sus padres, Francisco Cantarero y doña Enriqueta Suazo. Realizó estudios de Contaduría en la Escuela de Comercio, adscrita al Instituto Nacional. Fue electo Diputado suplente al Congreso Nacional en el período de 1932 a 1935. En 1937, fue electo Contador de Glosa Suplente en el Tribunal Superior de Cuentas. En la década de 1940, fue nombrado Secretario de la Dirección de Enseñanza Privada. En 1957, volvió a ser Diputado. En 1963, escribió el libro "Gonzalo, el amigo del pueblo" donde retrata la imagen política de Gonzalo Carías Castillo, hijo del General Carías Andino. Murió el 1 de julio de 1980.

Carvajal, Ramiro.

En 1928, el semanario "Nuevas Noticias", dirigido por Ramiro Carvajal y editado en La Ceiba, entraba al círculo de periódicos nacionales que apoyaban la candidatura del General Tiburcio Carías Andino y Miguel Paz Baraona, para la candidatura presidencial de Honduras. Nacido en San Esteban, Olancho en 1894, Carvajal se convirtió en Diputado de la Asamblea Nacional Constituyente de 1924, representado al Partido Nacional. Entre 1925 y 1926, y en el gobierno de Miguel Paz Baraona, a Carvajal se le nombró Gobernador de los departamentos de Atlántida y Yoro. En 1930, la policía lo detuvo en El Porvenir, Atlántida, tratando de insubordinar a los trabajadores del campo a un levantamiento contra el gobierno del Dr. Vicente Mejía Colindres, a quien la depresión económica estadunidense de 1929, le pasó su respectiva factura y había descontento entre la población hondureña. En 1935, Carvajal es expulsado del Partido Nacional por oponerse al intento consensuado de su partido, de prolongar el mandato del General Carías como Presidente de Honduras, con lo que él no estaba de acuerdo. En 1957 y durante el gobierno de Ramón Villeda Morales, es nombrado Gobernador del departamento de Yoro. Vivió en El Progreso hasta sus últimos días.

Carías Andino, Tiburcio

Nació en el barrio "Los Dolores" de Tegucigalpa, el 15 de marzo de 1876. Sus padres fueron Calixto Carías Galindo y Sara Francisca Andino Rivera. Su educación primaria comenzó en la escuela de Mauricio White y, en 1893, se graduó de Bachiller en Filosofía en el Instituto Espíritu del Siglo, rectorado por el presbítero Antonio RamónVallejo.

Su hermano mayor, Marcos Carías Andino, seguidor del Doctor Policarpo Bonilla Vásquez, lo interesó en la política vernácula. Se inició en el Partido Liberal de Honduras y apoyó al Presidente Bonilla y a Terencio Sierra Romero. Fue opositor del General Manuel Bonilla Chirinos al momento de la escisión política que llevó a la formación del Partido Nacional de Honduras. Obtuvo el grado de Licenciado en Jurisprudencia a los 22 años de edad, el 16 de noviembre de 1898, en la Universidad Central de Honduras. El título de su Tesis de grado fue "El establecimiento de las máquinas ha mejorado la condición de los menesterosos". Dos semanas más tarde, el 30 de noviembre del mismo año se acreditó como Abogado y Notario. Ejerce como Magistrado de la Corte Suprema de Apelaciones a partir de 1900, en Tegucigalpa.

En 1901 es nombrado Director de la escuela primaria de varones en esta misma ciudad; también ejerció la docencia, enseñó las asignaturas de álgebra, geometría y aritmética en el Instituto "El Porvenir", cuyo director fue el historiador Esteban Guardiola Cubas. En Universidad Central de Honduras fue catedrático de Derecho Penal en la Facultad de Jurisprudencia y Ciencias Políticas. Sagaz y dotado de una tenaz personalidad, en 1892, cuando apenas contaba con 16 años, acompañó a don Calixto Carías Galindo, su padre, en la campaña militar contra el gobierno de Ponciano Leiva. En 1893, durante las luchas que derrocaron a Domingo Vásquez, formó parte del ejército liderado por el liberal Policarpo Bonilla. Más tarde formaría parte del grupo opositor al Gobierno de Terencio Sierra debido a que, bajo su mandato, el Congreso no reconoció el triunfo electoral de Manuel Bonilla Chirinos. En 1903, participó de lleno en la derrota de Terencio Sierra, en las batallas del El Aceituno y Coray, Departamento de Valle. Esas victorias le granjearon el grado de Coronel. Ese mismo año, a la edad de 29 años contrajo matrimonio con Elena Castillo Barahona, quien a partir de entonces fue su inseparable compañera y con quien procreó cinco hijos, de los que sobrevivieron cuatro: Tiburcio, Gonzalo, Elena y Marta. En 1904, Manuel Bonilla asumió el poder y disolvió el Congreso, Carías Andino pasó a formar parte de la oposición. Para entonces se unió a las huestes de Miguel Rafael Dávila, quien lideró la campaña militar en contra de Bonilla. Los liberales derrocaron ese gobierno en marzo de 1907 y Dávila se convirtió en el nuevo Presidente de la República. Ganó el grado de General de Brigada por su firme participación en este conflicto político, en la batalla de Lizapa, en donde lucha junto a las fuerzas liberales. Fue nombrado Gobernador Político y Comandante de Armas de Copán. En 1908, su poder se extiende cuando es nombrado Comandante de Armas de Cortés, con asiento en San Pedro Sula. En ese año, se funda la Sociedad de Artesanos "El Porvenir", quedando él en la presidencia. En 1912, esta sociedad pasa a llamarse "Sociedad Copaneca de Obreros."

En 1910 asciende a General de División, después de defender la plaza de San Pedro Sula en contra una nueva invasión de Manuel Bonilla. Cuando Miguel R. Dávila es obligado a renunciar, en 1911, Carías Andino se vió obligado a exiliarse en El Salvador. Regresa de su exilio en 1914, tras la muerte de Bonilla Chirinos en 1913. Le sustituye en el cargo de Presidente de Honduras, el nacionalista Francisco Bertrand Barahona. Se asienta en la comunidad de Zambrano, al norte de Tegucigalpa, en donde se dedicó a labores agrícolas en las tierras de su propiedad. Entre 1914 y 1919 se mantuvo al margen de la política, sin embargo, cuando estalla la guerra civil ese año, siendo ya vocal del Comité Central del Partido Nacional Democrático y ejerciendo el cargo de editor del periódico "El Demócrata," vocero de ese partido, entra a la batalla política. Tras la muerte de Alberto Membreño, en 1922, Carías Andino asume el liderazgo del Partido Nacional. Rodeado de los intelectuales más sobresalientes del Partido, entre ellos Paulino Valladares, se dedicó a organizar la maquinaria del Partido en la Tegucigalpa y otras ciudades del país. Las unidades organizativas eran denominadas "Club" y a través de ellas organizaron a miles de ciudadanos por toda

Honduras. El rebautizado Partido Nacional representó las aspiraciones de toda una generación de hondureños que estaba harta de las guerras civiles que destruían la economía de la nación e impedían el buen ejercicio gubernamental, Carías Andino tuvo la suficiente sensibilidad política para interpretar esta utopía y estableció el orden y el progreso con mano dura. Carías participó activamente en la llamada "Revolución de 1924".

Vencedor en los comicios realizados en las postrimerías del régimen de Mejía Colindres, sus primeros 4 años de gobierno fueron legales, pero, a partir de enero de 1936, por medio de reformas a la Constitución comenzó su gobierno "continuista" que se prolongó por 12 años más. Con su llegada al poder terminaron las constantes revueltas armadas en el país. Fue aliado de los dictadores Ubico, de Guatemala, Somoza de Nicaragua y Hernández Martínez, de El Salvador. Durante su gestión administrativa Honduras ingresó en la Organización de las Naciones Unidas (1945). Falleció en su ciudad natal el 23 de diciembre de 1969. El General Tiburcio Carias Andino, Jefe del Partido Nacional, salió electo como Presidente de la República en los comicios libres que diera el Presidente Dr., Mejía Colindres.

Como Vice-Presidente el Ingeniero Abraham Williams Calderón. Antes de tomar el poder, por dos veces anteriores, había sido víctima de fraudes electorales, y al resultar electo se levantaron en armas para no entregarle el Poder, los Generales José María Reina, José María Fonseca y otros militares del Partido Liberal, pero fueron sometidos. Sus primeros cuatro años presidenciales fueron legales y de libre escogencia de los hondureños, pero al finalizar su primer periodo constitucional, convocó una Constituyente para que elaborara una nueva Constitución que cambiara los periodos presidenciales de cuatro a seis años, y asimismo para que prorrogara el ejercicio del Poder a los Titulares Carias y Williams por un subsiguiente período de seis años. En la reunión del Congreso Ordinario, al vencerse este segundo período de seis años, se ratificó el Artículo de la Constitución que prorrogó el período presidencial a dichos seis años y la Presidencia en los titulares Generales Carías y Williams hasta el 31 de diciembre de 1948, cuando se convocó al pueblo a elecciones generales. Del sector del Partido Nacional opuesto a la continuidad del Poder en manos del General Carías se formó un nuevo partido, el Movimiento Nacional Reformista, que encabezó el General Abraham Williams Calderón.

Afiche de campaña del general Carías Andino para las elecciones de 1923. Una década más tarde iniciaría su largo mandato de dieciséis años.

Carías Castillo, Elena Visitación. Hija menor del General Carías y su esposa, doña Elena. Nació en Tegucigalpa el 5 de julio de 1918. Se casó con el señor Guillermo Emilio Ayes Rodríguez y en 1951, fueron los padres del hoy reconocido médico Emilio Ayes Carías. Murió en Tegucigalpa, el 1 de noviembre de 1980.

Carías Castillo, Martha

Hija del General Carías y de doña Elena Castillo Nació en Tegucigalpa, el 14 de febrero de 1915. Se cuenta, entre corrillos, que era la favorita del mandatario. El 24 de octubre de 1937, se casó con el ciudadano guatemalteco, Mauricio Claudio Rosal, al cual se le asignó inmediatamente, el puesto de Encargado de Negocios en la embajada hondureña en Francia. Martha Beatriz Carías Castillo, murió en México, el 3 de noviembre de 1986. Al momento de su deceso, estaba casada con el mexicano Pedro Cerisola Salcido, el cual, ya viudo, perece en la capital mexicana, el 15 de mayo de 1990.

Carías Castillo, Gonzalo

Segundo hijo del General Carías y de su esposa, doña Elena. Nació en Tegucigalpa, el 7 de abril de 1908 y murió en la misma ciudad, el 9 de julio de 1995. Mientras estudiaba Odontología en México, contrajo matrimonio con la señorita Aurora Bermúdez, oriunda de ese país, el 21 de marzo de 1933. La pareja fue la propietaria del conocido parque recreativo "Aurora", localizado en Zambrano, Francisco Morazán. Gonzalo ocupó por varios años el cargo de Cónsul hondureño en Nueva York. Fundador en el post cariato, del Partido Popular Progresista (PPP)

Carías Castillo, Tiburcio.

Nació en 1906, siendo el mayor de sus hijos. Llevó el nombre de su progenitor e incursionó sin éxito, en la turbulencia política en Honduras. Egresó de la Universidad de México y continuó estudios en la Universidad Internacional de Oxford, Inglaterra y en la School of Serial Research y en España.

Fue Embajador Extraordinario de Honduras en las Naciones

Unidas. Además, fue Canciller del país, entre 1965 a 1971. Murió en Tegucigalpa, el 23 de mayo de 1984.

Carías Reyes, Marcos

Sobrino de Carías. Hijo de Marcos, uno de los tantos hermanos del General. Uno de los intelectuales más respetados y probos del régimen. En 1937, reemplazó a José María "Pico de oro" Albir, como Secretario Privado del gobernante. Después de cursar estudios de Bachillerato en el Instituto Nacional, prosiguió los de Derecho, en la Universidad Central, de donde egresó como Licenciado en Jurisprudencia, el 24 de agosto de 1934. Inició una carrera como diplomático, representando a Honduras en Nicaragua, 1933; Montevideo, Uruguay, 1933; Guatemala, 1934; París, Francia, 1935-1936. También fue Secretario de la Comandancia General del Ejército, 1933-1935. Casose con Tulita Zapata, el 21 de septiembre de 1935. Como intelectual, ayudó a otros a conseguir becas, trabajo y lo que es mejor, que publicaran sus libros. En el postcariato, 1949, fungió como Ministro de Educación del nuevo régimen. Nació en Tegucigalpa, el 19 de diciembre d 1905 y murió en la misma ciudad, el 24 de octubre de 1949.

Carías Lindo, Víctor

Nació en Tegucigalpa, en 1881. Fueron sus padres, don Pantaleón Carías y doña Ana Lindo. Fue primo hermano de Tiburcio Carías. Durante el "Cariato", fungió como Director de la Penitenciaría Nacional en Tegucigalpa. Se casó con Juana Ponce y tras divorciarse de esta, con Victorina Zapata. Con la señora Zapata, tuvo varios hijos, entre ellos: Pedro Gumersindo (1924); Erasmo de Jesús (1921) y María del Carmen (1930). También tuvo una hija natural, llamada Catalina, que nació en 1904. Fue el padre del poeta Erasmo Carías Lindo. Murió en Tegucigalpa, el 11 de diciembre de 1972.

Carías García, Calixto

Sobrino del General Carías, hijo de Marcos Carías Andino con la señora María Antonia García. Nació en Tegucigalpa, en 1897. Contrajo matrimonio en la misma ciudad el 20 de febrero de 1926, con la joven Carmen Velásquez. Formó parte del aparato policíaco-militar del Cariato, donde alcanzó el grado de General. Dirigió la famosa Escuela de Cabos y Sargentos del régimen, Se le acusó de haber dado muerte al pensador liberal, Abel García Cálix en el parque central de Tegucigalpa, la noche del 12 de mayo de 1927. Era conocido como "el tunco Carías" por faltarle uno de sus brazos. Murió de una depresión alcohólica en 1954.

Cárcamo, Jacobo

Poeta. Nació en Arenal, municipio de Yoro, el 28 de noviembre de 1916. De familia con tradición nacionalista. Llega a Tegucigalpa, gracias a una beca conseguida por el diputado yoreño, Mauricio Ramírez. Su vinculación al Cariato fue breve: En 1937, le tocará dirigir la revista "Zambrano" de clara estirpe apologética nacionalista. De la revista sólo salieron dos números. Cárcamo se aleja del régimen opresor, después de sufrir una carceleada, él y su amigo Juan Ramón Ardón, por confundírseles con unos ebrios que echaron un "muera al General", por lo que pasaron 16 días en confinatorio. Después, el 3 de febrero de 1939, Cárcamo se marchará a México, donde moriría el 2 de agosto de 1959. Fue Premio Nacional de Literatura "Ramón Rosa" en el año de 1955, el que recibió estando en el exilio.

Casco Fiallos, José María.

Nació en Sabanagrande, Francisco Morazán, el 27 de enero de 1883. Fueron sus padres, don Daniel Casco y doña Guadalupe Fiallos. Se casó con Amalia López Callejas, el 3 de octubre de 1919. La amistad entre su esposa, doña Amelia, con el joven Federico Peck Fernández, le trajo problemas a este último, ya que una vez fue sorprendido platicando con la dama fue y tiroteado por el celoso esposo. Afortunadamente, la pronta intervención de su amigo, Arturo Martínez Galindo, le salvó la vida a Peck. Sin embargo, tiempo después, Roberto López Callejas, a todas luces hermano de Amelia, vengó la "afrenta" tiroteando a Pack hasta dejarlo agonizante varios días, en 1929. Don José María, se graduó de Bachiller en 1899 y de Abogado en 1905. Fue Ministro en los gobiernos de Paz Baraona y de Tiburcio Carías Andino y Alcalde de Tegucigalpa de 1929 a 1932. Murió en Tegucigalpa el 10 de julio de 1956.

Castillo Suazo, Heriberto
Periodista. Nació en La Paz, el 3 de enero de 1890. Fueron sus padres, Pedro Castillo y doña Tránsito Suazo Orellana. Realizó estudios de Jurisprudencia en la Universidad Central de Honduras, donde se graduó en la célebre promoción de 1913. Fue Diputado en el Congreso Nacional y viviendo en Puerto Cortés fundó el periódico "El Marino", en 1922. En 1931, contrajo matrimonio con la señora Concha Gómez. Cuando Tiburcio Carías Andino subió al poder de la nación, lo nombró Cónsul hondureño en Hamburgo, Alemania, pero murió tiempo después de asumir el cargo.

Castillo de Carías, Elena de Jesús
Fue la esposa del General Tiburcio Carías Andino y madre de sus 4 hijos. De presencia discreta. Nació en Tegucigalpa, el 21 de julio de 1879, hija natural de doña Narcisa Castillo. Murió en Tegucigalpa el 16 de mayo de 1958. Un parque de la ciudad de La Paz, lleva su nombre.

Castro Díaz, Alejandro
Periodista. Nació en Tegucigalpa el 18 de febrero de 1883. Sus padres fueron Alejandro Castro y Micaela Díaz. El 11 de noviembre de 1911, en Tegucigalpa, contrajo matrimonio con la señorita Cristina Zelaya. Fue el fundador de la famosa revista semanal "Tegucigalpa" que vio la luz en 1917. En 1924 y ante el advenimiento de la postulación del General Carías a la presidencia de Honduras, fundó el diario "El Obrero", para apoyar desde esa trinchera escrita, la postulación del General. Formó parte de la directiva del Congreso Nacional de 1939. En algún momento fue Subdirector de "El Cronista". Fue el padre del escritor Alejandro Castro Zelaya. Murió en Tegucigalpa el 3 de marzo de 1940.

Elena Castillo de Carías, esposa del líder nacionalista.

Castro, José León

El General José León Castro nació en el municipio de San Andrés, Lempira, el 28 de junio de 1870 y murió el 8 de abril de 1956, en Gracias, ciudad de la que fue Comandante de Armas por muchos años. Su esposa fue Doña Gertrudis Lindo y sus hijos: Elena Castro Lindo, Matilde Castro Lindo, Adrián Castro Lindo, Lucio Castro Lindo y un hijo natural llamado Cristino Melgar Castro.

Castro Blanco, José R. (Rosario).

Poeta y periodista. Oriundo de Comayagua, donde nació el 3 de octubre de 1909. Hijo de Santiago Castro y Dolores Blanco. Se graduó de Abogado en nuestra Universidad Central, en 1929. Ejerció el periodismo y dirigió los periódicos "El Bien Público" y "El Espectador". Colaboró con la revista cultural "Vida" de Tegucigalpa. Al ganar las elecciones Tiburcio Carías Andino y adivinando una feroz persecución política, calzó las sandalias del peregrino y huyó primero a Nicaragua, Costa Rica y por último a Cuba. En este último país, colaboró con las revistas "Carteles" y "Bohemia". Castro Blanco se convertiría en un formidable aliado de la oposición liberal durante la dictadura a través de su pluma siempre sabia y agresiva. Al finalizar la dictadura y al emerger el gobierno de Julio Lozano Díaz, se convirtió en el Embajador hondureño en Brasil, terminando así un exilio forzoso e implacable. Murió el 14 de agosto de 1968, en Colombia, mientras se desempeñaba en un cargo importante del entonces naciente Banco Interamericano.

Colindres Zepeda, Cecilio.

Nació en Tegucigalpa en 1887. Fueron sus padres, Marcelo Zepeda y Carmen Colindres. Realizó estudios de Leyes en nuestra Universidad Central, graduándose en 1913. Antes había realizado estudios de Magisterio en la Escuela Normal de Varones de Tegucigalpa. El 26 de julio de 1928, contrajo matrimonio en Tegucigalpa, con la señorita Francisca Garay Lanza. Fue un reconocido maestro, de escuelas y colegios de la capital hondureña. Fungió como Viceministro de Gobernación desde 1944 a 1953. Murió el 28 de octubre de 1974.

Collier Sabillón, Antonia.

Mártir de la masacre del 6 de julio d 1944, en San Pedro Sula. Profesora de educación primaria, trabajando en una de las escuelas financiadas por la Tela Fruit Company en La Lima, Cortés. Nació en San Pedro Sula el 8 de julio de 1913. Fueron sus padres Marco A. Collier y Mercedes Sabillón. Se casó en 1936 con Marcos Hepburn. Murió acribillada sin compasión por la soldadesca cariísta, el 6 de julio de 1944, mientras participaba en una marcha pacífica contra el Dictador.

Profesora Antonia Collier, víctima de la dictadura.

Copantl

Revista gobiernista, fundada en Santa Rosa de Copán y que tenía como lema: "órgano de los intereses occidentales". Apareció en 1938 y su Director era el periodista y militar nacionalista, Humberto Barnica Milla.

Cultura

Órgano del Instituto Normal Central de Varones. Su primer número apareció el 31 de julio de 1939, siendo su Director, el renombrado maestro nacionalista, Vicente Cáceres.

Cueva Villamil, Raúl.

Político. Nació en Copán Ruinas, el 13 de febrero de 1900. Fueron sus padres, Juan R. Cueva y doña Antonia Villamil. Contrajo matrimonio el 4 de abril de 1927, con la señorita Graciela Castillo. Se convirtió en La Ceiba, lugar donde residió hasta el fin de sus días en uno de los hombres fuertes del Partido Nacional, desde el advenimiento del Cariato. Fue Diputado a las Asambleas Constituyentes de 1924 y 1936, siendo esta última, donde se prolongó el período presidencial de Tiburcio Carías Andino. Murió en La Ceiba, el 29 de abril de 1988.

Cruz Garín, Amílcar.

Periodista. Oriundo de La Ceiba. Fueron sus padres, Rosendo Martínez y Elena Cruz Garín, de la cual, tomó los dos apellidos en la madurez. El 27 de diciembre de 1930 y en La Ceiba, contrajo matrimonio con la señorita Romelia Alvarado. En 1932, fallece su madre en Tela. En 1936, fundó el famosos periódico ceibeño "El Heraldo". Murió en La Ceiba, el 12 de marzo de 1982. El premio anual del periodismo local, lleva su nombre.

Chirinos, Z. (Zúñiga), Timoteo.

Nació en Manto, Olancho, el 27 de agosto de 1879. Sus padres: Julián Chirinos y doña Salomé Zúñiga. Se graduó de Bachiller en el Instituto Nacional en 1905 y de Abogado, en la Universidad Central de Tegucigalpa, en 1913. Destacado Diputado del Cariato. Rector de la Universidad Central de Honduras, de 1936 a 1947. Murió en Tegucigalpa, en 1968.

D

Díaz, Andrés Felipe

Oriundo de Manto Olancho, donde nació el 4 de febrero de 1879. Sus padres: Juan Ángel Díaz y doña Elisa Alfaro. Realizó estudios de Jurisprudencia en la Universidad Central de Tegucigalpa, donde se graduó en 1910. Se casó con María de los Ángeles Urbina Bonilla, en Juticalpa, el 20 de mayo de 1920. Gobernador de Olancho y Diputado a la Constituyente de 1924. Formó parte de la Corte de Apelaciones de San Pedro Sula, en 1930 y de la Corte Suprema de Justicia en los primeros años del Cariato; después fue electo Diputado en la Asamblea Nacional Constituyente de 1936, desde donde se fraguó el continuismo. Murió en Tegucigalpa, el 18 de mayo de 1955.

Díaz, Esteban.

Nació en Tegucigalpa, el 3 de noviembre de 1896. Su nombre completo fue José Teófilo Esteban, hijo natural de Guadalupe Díaz. Contrajo matrimonio en Tegucigalpa, con la señorita Dolores del Carmen Banegas, el 22 de noviembre de 1918. En 1924, a los 28 años, es acusado de ultimar de un certero disparo, al aviador norteamericano Lawrence W. Brown, mercenario de la revolución de ese año, pero fue absuelto tiempo después. Realizó estudios de finanzas, lo que le permitió laborar en ese campo como administrador del Club Internacional, centro social de gran prestigio en Tegucigalpa, lo que le permitió cultivar buenas amistades.

En la administración liberal de Vicente Mejía Colindres, laboró en la Empresa de Agua y Luz y como Administrador Interino de la Aduana de Amapala. El 1 de agosto de 1934, fue nombrado Tesorero General de la República en el naciente régimen de Tiburcio Carías Andino. Gilberto González y Contreras, diplomático y escritor salvadoreño que convivió muchos años entre nosotros, lo define así:

"Es parco, mesurado, muy ahorrativo. No es nada teatral, sino sencillo, reconcentrado, hermético". Practicó en su vida adulta, el Masonerísmo, como actitud filosófica. Falleció en Tegucigalpa en 1965.

Domínguez, Blas

Militar montonero, oriundo la aldea de Chiligatoro, Intibucá, donde nació el 2 de febrero de 1886. Hijo natural de doña Juliana Domínguez. Se casó con la señora Sebastiana Vásquez Hernández, y tuvieron un hijo varón, Ildefonso, nacido en 1930 También toma como hijastra a Gregoria Gutiérrez, hija del primer matrimonio de doña Sebastiana, con el teniente, Santiago Gutiérrez. Como militar, participó en las revoluciones del 1924 y 1932, segundo al mando de las tropas del General Gregorio "el indio" Ferrera. Fue uno de los más insignes prisioneros capturados y sometido a ignominiosas torturas por los esbirros y autoridades del Cariato. Salió libre hasta 1949, cuando toma el poder Juan Manuel Gálvez, sucesor de Carías. Murió en Intibucá, el 19 de marzo de 1986, a la honrosa edad de cien años.

E

Erwin, Draper John

Diplomático estadunidense. Le tocó sustituir al embajador Leo J. Keena. Durante el Cariato, fue primero Enviado y Ministro Plenipotenciario de EE. UU., en nuestro país, cargo que asumió el 29 de julio de 1937, presentando sus cartas credenciales, en septiembre de ese año. Entre 1943 y 1947, asumió el rango de Embajador Extraordinario y Plenipotenciario. Erwin nació el 14 de noviembre de 1883. El 4 de octubre de 1917, se casó con Emily Hiclin. Dejó nuestro país en 1954.

Excélsior

Revista mensual de variada temática. Apologista del régimen. Su primer número apareció el 28 de febrero de 1937 y estaba dirigida por los hermanos, Francisco y Samuel Díaz Zelaya. Se imprimía en la Imprenta Calderón.

El auditorio s'seó al caba-
yero cascapulgas entrado en
m'edos, imponiéndose silen-
cio.

María Egipciaca continuó:

El Negro sabía que Jelipita andaba en los quince años
porque se lo había contado
"cresta roja", un gallo pintu-
rero que cantaba las más re-
gocijantes alboradas y que
estuvo a punto de ser deca-
pitado — cual víctima propi-
ciatoria — en el cumpleaños
de Jelipita.

—Y conuera ese Negro,
cuè? — animóse a pregun-
tar el c'pote matapulgas.

—Ansina como vos, care-
to, con unos veinte años más
encima y tantito más alto
que la hija de mi madre.

—Ahhhh!! — hizo el pre-
guntón.

En casa de Jelipita le tem-
b'aban, y por eso en la puerta, p'ntada con achiote, había una cruz bermeja, para
que el Negro al verla zafara
a toda virazón. Pero Cástu-
lo, el hermanito menor de Jelipita, que dormía toda la noche en vela... y embrujado
debajo de las cobijas olién-
dose el mal humor..., ase-
guraba que el Negro de las
Negruras no le tenía cuis de
miedo a la cruz de achiote, y
que platicaba en secreto con
los patos del corral, y que
Nerón, el chucho, le meniaba
la cola así... y que entonces e' Negro se carcajiaba
con risa de puerta tomada de
orín y le hacía juichchch!!!.
como las lechuzas y entonces del palo de ruda se venía
una j'dentina de alcanjor de
dijunto y un tufo a pab'lo de
candela recién apagada.

—Mamitaaaa! Mamitaaaa!!
— tornó a gritar despavorido
el tantas veces victimario de
pu'gas.

—De fijo que bos más cal-
zones que mis naguas, indi-
suelo careto, — reconvino 'a
narradora Y prosiguió:

La vida en la casita del bajío se hizo más pesada que
una montaña de plomo, porque vivían de zozobra en
zozobra, desde que el sol
prendía su lumbre hasta que
la apagaba el aliento invisi-
ble de la escurana Se acos-

taban a la misma hora que
las gall'nas y las puertas
eran aseguradas con bosques
de trancas taburetes, cabos
de azadón, de hachas, de pi-
cos; todo lo que juera capaz
de interceptar el paso silen-
cioso del Negro.

Pero estaba escribido en letras de mal agüero, que al

Negro se había empeñado en
algo que llevaría hasta el fin.

Y una noche...

Aquí se interrump'ó María
Egipciaca, clavando la mirada en el cipote medroso y
subrayando una amenaza:

—Si volvés a chillar, por
vida que se quedan a medio
palo!

Una noche, negra como el
hollín, al f.lo de las doce, se
oyó el galope de un caballo
que bajaba de la montaña con
ruido de aluvión; gruesas go-
tas caían como pedruscos en
el techo de la casa de Jelipa;
un viento retejuerte llamado
aquilón, chiflaba amenazas
a través de las ramas; las ga-

Nuestro querido mandatario Gral. don **TIBURCIO CARIAS ANDINO** y el
señor Ministro de la Guerra, observando el funcionamiento de una arma
moderna con que está dotado el ejército nacional.

La Cartilla musical del maestro Coello Ramos

Hemos recibido, con aten-
ta y bondadosa ded'catoria,
que mucho agradecemos la
Cartilla Musical y Ejercc os
de Solfeo para A'umnos de
Instrucción Primaria de nuestro distinguido y estimado
amigo don Rafael Coello Ramos.

Como antes de ahora y en
repetidas ocasiones, ya nos
hemos ocupado en demostrar
la importancia de ella, desde
todos los puntos de vista más
'mportantes; sólo nos resta
af'rmar que el aparecimien-
to de la Cartilla Musical y la
atinada designación recaída

en el maestro Coello Ramos
como Inspector General de
Solfeo y Cantos Escolares,
son dos acontecimientos que
se compaginan para formar
la base principal de nuestra
cultura musical.

En el momento en que es-
cribimos estas líneas, ya nos
parece ver, en el rostro de
más de un pesim'sta, una
sonrisa de conniserac'ón o
un gesto de esos que hacen
fruncir el seño por algún pla-
tillazo o bombazo a distien-
po.

Pero todas nuestras opinio-
nes están ribeteadas con el

oro de la veracidad, con las
blancas perlas de la sinceri-
dad, y burilladas con la ace-
rada mano de la hidalguía.

Esperamos que dentro de
algunos años se cristal'cen
nuestras palabras traducidas
en una exqu'sita cultura de
nuestra juventud futura, así
como hemos visto cristaliza-
das las que siempre ha lleva-
do EXCELSIOR grabadas en
sus páginas.

Mientras tanto, van para
el maestro Rafael Coello Ramos nuestras más sinceras y
calurosas felicitaciones.

Las ediciones de Excélsior ensalzaban al general Tiburcio Carías Andino.

F

Ferrari Bustillo, Fernando

Nació en Tegucigalpa, el 19 de enero de 1906. Su medio de expresión favorito, fue la radio. Fueron sus padres, don Maximiliano Ferrari Guardiola y doña Trinidad Bustillo. Su esposa se llamó Rubenia Triminio. Escribió en 1947, el ensayo biográfico *"Carlos Izaguirre, dentro de la literatura místico filosófica".* En 1954, era Diputado en el Congreso Nacional por la línea Galvista. Fue más conocido por el mote de "El Conde". Murió en Tegucigalpa, el 4 de septiembre de 1971.

Fernández Valenzuela, Juan

Periodista y Abogado. Nació el 8 de octubre de 1873, en Juticalpa, Olancho. Fueron sus padres, Juan Fernández y doña Trinidad Valenzuela. En 1906, contrajo matrimonio con la aolanchana Antonia Zelaya Garay, en Juticalpa. Posteriormente se traslada La Ceiba, ciudad emporio por entonces, donde dio amplia cabida a su pasión periodística al fundar en 1925, "Diario del Norte". Como Abogado, laboró como Procurador Judicial, por muchos años siempre en la ciudad de La Ceiba, donde falleció, después de una larga enfermedad, el 12 de enero de 1938.

Figueroa h, Ramón Rosa

Cirujano dentista. Nació en Guinope, El Paraíso, el 20 de septiembre de 1915. Hijo de Ramón Rosa Figueroa y Rosinda López. Realizó estudios en México, graduándose el 25 de abril de 1938. En 1939, contrajo matrimonio con la señorita Estela Girón. Durante el periodo de Gálvez, fue Gobernador Político del departamento de Cortés, donde en 1951, fue víctima de un secuestro por parte del Comandante de Armas de La Lima, Eduardo "Guayo" Galeano, hecho que fue reprochado por los sampedranos de aquel tiempo. Falleció en San Pedro Sula, el 10 de febrero de 1962.

Flores Fiallos, Armando

Nació en Choluteca, el 14 de abril de 1894. Fueron sus padres don Lisandro Flores y doña Guadalupe Fiallos. Realizó estudios de Comercio y publicó varios libros sobre contabilidad, lo que lo convirtió en un reputado profesional del ramo. El 11 de julio de 1925, se casó en Tegucigalpa, con Hortensia Ochoa, nacida en Yuscarán el 21 de enero de 1901. De dicho matrimonio nacieron 4 hijos: Santiago, nacido en 1918, Armando Luis, nacido en 1924, René Augusto, nacido en 1927 y Óscar David, nacido en 1923. El 16 de mayo de 1929, falleció doña Hortensia, en Tegucigalpa. En 1936, Flores Fiallos ostentaba el cargo de Ministro de Hacienda.

*Santiago Flores Ochoa, se convertiría más tarde, en un reconocido poeta y diplomático.

Fortín, Ángel R. (Rosendo)

Periodista. Miembro sobresaliente del Partido Nacional de Honduras. Nació en Tegucigalpa, el 1 de enero de 1880. Fueron sus padres, Miguel Antonio Fortín Colindres y Rita Josefa Franco Ardón. Fue hermano del poeta Miguel A. Fortín y de la pintora naif, Teresa Victoria Fortín. Contrajo matrimonio con la señorita Teresa Midence. En marzo de 1900, se estrena en los puestos oficiales al ser nombrado Escribiente del Ministerio de Gobernación. Como periodista, fundó varios periódicos: "América Central", en 1917; "Patria", en 1921, "Reconciliación", en 1924 y "El Demócrata", en 1927. En 1949, dirigió el Boletín Mensual de Información, órgano dependiente del Ministerio de Relaciones Exteriores de Honduras. Murió este apreciable caballero, el 26 de agosto de 1960, en Tegucigalpa.

Fortín Machado, Horacio.

Nació en Yuscarán, el 5 de octubre de 1886. Fueron sus padres, don Alesio Fortín y doña Ester Machado. Se casó con la señorita Estela Pinel Turcios en 1921. Fue Ministro Plenipotenciario en Nicaragua, en 1936. Fue también Magistrado de la Corte Suprema de Justicia entre 1937 y 1938. Falleció en Tegucigalpa, el 20 de noviembre de 1951.

Fúnez P. (Pino), Carlos.

Oriundo de Comayagüela. Fueron sus padres, Joaquín Fúnez y Esther Pino. Don Carlos fue militar, herencia que heredó a sus hijos Carlos, Gregorio y Manuel, quienes fueron temidos comandantes en diferentes partes del país, durante el Cariato. Se casó con Sara Sanabria Castillo.

Fúnez Sanabria, Manuel de Jesús.

Nació en Tegucigalpa, el 14 de enero de 1900. Militar. Hermano menor de los famosos hermanos Sanabria. Estuvo de Comandante de Plaza en Iriona, Colon. Hijo de Carlos P. Funes y Sara Sanabria.

G

Galeano Munguía, Eduardo "Guayo"

Nació en San Pedro Sula, el 13 de octubre de 1894. Sus padres fueron José de Jesús Galeano y Adela Munguía. El 24 de diciembre de 1932, se casó en San Pedro Sula con María Luisa Salamanca, de origen colombiano. Temido Comandante. Durante el Cariato, fue el Mayor de Plaza de La Lima, Cortés. En 1951, en pleno mandato de Juan Manuel Gálvez, todavía conservaba su puesto y en San Pedro Sula, secuestró, en ademán de altanería y arbitrariedad, al hijo del Gobernador Político de Cortés de ese entonces. En 1954, uno de sus hijos de nombre Astor, muere trágicamente en accidente de tránsito, cerca del Cementerio de San Pedro Sula. "Guayo" Galeano murió en su ciudad natal en 1963.

Galeano, Ramón Rosa

Periodista, apologista del régimen de Carías Andino. Oriundo de San Pedro Sula, donde nació el 28 de febrero de 1908. Fueron sus padres, don Jesús Galeano y doña Adela Munguía. Hermano del temido Comandante, Eduardo "Guayo" Galeano, de La Lima, Cortés. El 15 de junio de 1935, contrajo nupcias en San Pedro Sula, con la señorita Juana Francisca Orellana. Fundó el diario "El Espectador" en San Pedro Sula en 1940. Desde sus páginas encabezó la hechura y colocación de un busto del General Carías, en 1941, frente al recién construido edificio municipal, empresa en que lo acompañó el General Francisco Martínez Funes y el creador de la obra, don Arturo Scheeib. Murió en su ciudad natal, el 29 de enero de 1982, a los 73 años.

Galindo, María Andrea de Jesús

Fue la abnegada madre del literato Arturo Martínez Galindo, asesinado a temprana edad por la tiranía. Nació en Tegucigalpa, el 26 de febrero de 1871. Estuvo casada con el General Pilar M. (Maradiaga) Martínez, con quien contrajo matrimonio el 26 de agosto de 1898. Murió en Tegucigalpa, el 21 de noviembre de 1947.

García Cálix, Abel

Profesor y periodista. Nació en Juticalpa, Olancho, en 1887. Fueron sus padres José María García y doña Mercedes Cálix. Contrajo matrimonio con la Profesora Esther Soto, el 24 de febrero de 1913. Realizó estudios de Magisterio y una vez graduado, le tocó ejercer en la comunidad de El Porvenir, Atlántida. Cometió allí un delito y pagó su crimen en La Ceiba. Viviendo allí ejerció labores periodísticas, al fundar varios periódicos y revistas locales, entre ellos, "América Central", en 1917, Pabellón Latino" en 1915 y la famosa revista "Vida", en 1912. Fue testigo presencial de la llegada del portentoso poeta colombiano Porfirio Barba Jacob a La Ceiba y participó con él, en algunos proyectos divulgativos de la palabra escrita. Por ese tiempo, es sancionado por el General Monterroso – padre de Augusto y Vicente – y hombre fuerte en ese puerto, nominado por Manuel Bonilla y toma el destierro hacía México de donde volverá en 1926. El 12 de mayo de 1927, es provocado y asesinado por el sobrino del General Carías, Calixto Carías García, en pleno parque Central de la ciudad. Para nosotros, este asesinato se da en el umbral del pre Cariato, que tendría un denominador común: el asesinato y la impunidad.

Gómez Rovelo, Amílcar

Prisionero del Cariato. Sufrió cárcel, en Tegucigalpa, por ser sospechoso de planear un atentado contra la vida y figura del General Carías, mismo que iba a ocurrir, el domingo 21 de noviembre de 1943. Tuvo como compañero de infortunio, al conocido médico, José Antonio Peraza, entre otros. Estuvo confinado desde el 17 de enero al 14 de abril de 1944. Posteriormente, sufrió exilio. Gómez Rovelo, nació en Juticalpa, Olancho, el 7 de septiembre de 1907. Se graduó como Ingeniero, en la Universidad Central, en 1929. Murió en 1997.

González y Contreras, Gilberto

Literato y diplomático salvadoreño, quien convivió muchos años entre nosotros, especialmente, en la época del Cariato. Como agudo observador que era, escribió un ensayo en 1946, titulado "Hombres entre lava y pinos" que fue publicado en México en ese año. Antes en, 1934, escribió un esbozo biográfico de Carías, titulado "Un pueblo y un hombre". En 1951, ya sin residir entre nosotros, publicó una apología del General, titulado "El último caudillo", en México. González y Contreras, era oriundo del departamento de Sonsonate, donde nació en 1904. Murió en La Habana, Cuba, en 1954.

Guillén Zelaya, Alfonso

Nació en Juticalpa, el 27 de junio de 1887 y murió en México, el 4 de septiembre de 1947. Poeta y periodista. Sus padres fueron Miguel Guillén y doña Jesús Zelaya Realizó estudios de Derecho en la Universidad Central de Honduras, hoy Universidad Nacional Autónoma. Aunque su obra poética no es muy conocida, lo es más su labor como periodista y libre pensador. Fue director de los periódicos capitalinos "El Cronista" y "El Pueblo". En Juticalpa, Olancho, de donde era originario, dirigió "El Tacoma", en 1911. En 1933, coincidiendo con el ascenso al poder de la República del Dr. Tiburcio Carías Andino, partió hacia México, donde murió. Ahí colaboró con "El Popular" y "Futuro". Vivió en Nueva York, desempeñando un cargo diplomático; en esa ciudad dirigió la revista "Pan América Poetry y allí, contrae matrimonio con la señorita Isabel Alger Paz, el 29 de abril de 1920.

Guevara Franco, Mariano P. (Pascasio)

Nació en El Corpus, Choluteca, el 22 de febrero de 1892. Fueron sus padres Mariano Guevara y Rosa Franco. Realizó estudios de Magisterio en la Escuela Normal de Varones. Contrajo matrimonio con la señorita Guadalupe Williams en 1914, y quien fuera hermana del Ing. Vicente Williams Calderón, quien, durante el Cariato, (1933-1948) fuera Vicepresidente de la república. Doña Guadalupe nacería el 26 de febrero de 1890 y murió en Nueva York, en 1927. Hijos del matrimonio Guevara-Williams, fueron Mariano Jr., María Guadalupe, Emilio y Lupemaría. Posteriormente se volvería a casar con la comayagüense Olga Bendaña Meza, el 5 de diciembre de 1931. Doña Olga nacería el 27 de junio de 1911. Frutos de ese matrimonio fueron: Olga, Rosina e Isabel.

Su carrera política y pública comienza en 1924, cuando es electo como Diputado a la Asamblea Nacional Constituyente. En 1926, durante el gobierno de Miguel Paz Baraona, fue nombrado Cónsul hondureño en Nueva York, cargo que terminaría en 1929. Posteriormente fue Subsecretario de Guerra, y Director General de Rentas, entre 1933 y 1945. Su militancia dentro del Partido Nacional le valió ser nombrado Ministro de Trabajo durante el gobierno de don Julio Lozano Díaz, (1956-1957), siendo el primer hondureño en ostentar ese cargo. Fundador del Movimiento Nacional Reformista, que, en 1954, lanzara al Ing. Williams Calderón, a la presidencia nacional, cuando el férreo Partido Nacional, se escindió en dos grandes movimientos. Don Mariano entregó su alma el 26 de marzo de 1972 y está enterrado en Jardines de Paz Suyapa en Tegucigalpa.

Gutiérrez Lardizábal, Emma Sotera

Nació en Tegucigalpa, el 15 de mayo de 1873. Fue hija del General Enrique Gutiérrez y de doña Raquel Lardizábal. Fue la abnegada esposa del caudillo liberal, Policarpo Bonilla. Fue Presidenta del Frente Femenino Pro-Legalidad, que luchaba contra la Dictadura. Murió en el exilio en Nueva Orleans, el 20 de julio de 1948 y está enterrada en el Cementerio General.

H

Herrera Cubas, Magín

Médico. Graduado en 1928 en la Universidad Central de Tegucigalpa. En 1925 y mientras estudiaba Medicina, fue nombrado como Administrador del Hospital General. Nació en Tegucigalpa, el 10 de julio de 1887. Fueron sus padres, el Coronel Eligio Herrera y doña Francisca Cubas. Contrajo matrimonio en Tegucigalpa el 27 de diciembre de 1918, con la señorita Teresa Vallecillo. En agosto de 1934, recién consolidado el Cariato, fue nombrado Cónsul de Honduras en Hamburgo, Alemania, puesto en el cual estuvo aproximadamente, 14 años. Murió en un confuso tiroteo en el Salón "Bel Air" de Comayagüela, el 27 de agosto de 1954. Fue tiroteado por su amigo y compañero Masón, René Sagastume en defensa personal, ya que el Dr. Herrera le había disparado primero.

Políticamente, Magín Herrera estaba del lado del Reformismo que, en 1954, lideraba el Ing. Abraham Williams Calderón.

Hernández, Ángel G. (Guevara)

Fue Ministro de Educación del Cariato, de 1942 a 1948. Nació en Langue, Valle, en 1890 y murió en Tegucigalpa, el 30 de noviembre de 1971.

Entre los avances educativos durante su gestión, se destacan, los siguientes: Campaña de alfabetización, 1942; nuevo Código de Educación, 1947; aparición de una cartilla bilingüe Misquito-Español, entre otros.

Hernández Irías, Porfirio

Nació en Tegucigalpa, el 10 de septiembre de 1891. Prosista y periodista. Fueron sus padres, don Vicente Hernández y doña Concepción Irías. Según correspondencia epistolar entre Néstor Bermúdez Meza y Rafael Heliodoro Valle, Hernández se encontraba en 1921, en Washington trabajando como profesor en la Escuela Berlizt. Fue más conocido en el periodismo local y en México, país al cual llegó exiliado voluntariamente al terminar la sangrienta revolución de 1924. Hernández jugó un papel importante durante la post revolución de ese año, al tratar con los dos bandos, buscando soluciones a la misma. Fue amigo personal de Zúñiga Huete como de Gálvez. Ese mismo año, regresó a México y el 20 de julio, contrajo matrimonio con la señorita Victoria Mendoza, de Guadalajara y en 1927, tuvieron un hijo, al cual llamaron Federico Hernández Mendoza. Hernández, usó el seudónimo de "**Fígaro**" para firmar sus escritos periodísticos. Mantuvo durante varios años, una columna de opinión llamada "A punta de lápiz" en el diario mexicano "El Universal".

En 1935 formaba parte del bloque de la oposición al Cariato en el extranjero, tal como se le ve en una fotografía al lado de Zúñiga Huete y Rafael Heliodoro Valle. En 1951, el entonces Presidente Gálvez, como para balancear con la oposición, lo nombró Ministro de Honduras en México, cargo del cual renunció el 13 de marzo de 1956, al entrar el nuevo gobierno de Julio Lozano Díaz.

Lo curioso es que fue sustituido en el puesto, por el gran poeta Jaime Fontana, que ya hacía carrera en la diplomacia hondureña. Don Porfirio murió en la gran nación azteca. Murió en la ciudad de México en 1975.

Hernández, escribió y publicó en México, dos volúmenes de crónicas de viajes: *Cumbres y barrancas* en 1947 y *Recorriendo México a pie y a caballo, en* 1951.

Henríquez, Benjamín

Oriundo de Talanga, Francisco Morazán. Sus padres fueron Indalecio Henríquez y María de la Luz Amador. Hombre muy cercano a Carías. Durante buena parte del Cariato, fungió como Tesorero de Carreteras (lo que hoy es la Secretaría de Obras Públicas). Antes de ostentar este cargo, Henríquez fue Alcalde de Comayagüela y Gobernador del entonces departamento de Tegucigalpa.

Según Thomas Dood, estudioso estadunidense de este período, Henríquez: "nunca puso el dinero en un banco, sino que recibía y gastaba en efectivo los fondos de los proyectos de construcción de carreteras". Se le apodaba "Barba Negra". Se casó con la señora Elisa Girón, pero enviudó de la misma en 1941. Fue el padre del novelista hondureño, Orlando Henríquez

(1923-2012). Fue el creador de aquella ingeniosa frase de que "somos como la Santísima Trinidad: Dios es el padre, Carías es el hijo y yo soy el Espíritu Santo". Murió en Tegucigalpa, el 24 de abril de 1971.

I

Iraheta, Rosalío C. (Cueva)

Nació el 4 de septiembre de 1910, en Amapala. Fueron sus padres, Canuto Cueva y Lucila Iraheta. Periodista. Sus comienzos en esta profesión fueron en la revista "Tegucigalpa" en 1932. En 1939, en unión de Amado Rodríguez Pinel, escribieron el libro apologético *"Álbum Patriótico: Aspectos de la obra constructiva del señor Presidente de la República, Tiburcio Carías Andino".* En 1938, fundó con otros periodistas y escritores, la Asociación Nacional de Cronistas (ANC). Contrajo matrimonio en 1944, con la señorita Adriana Castellanos. Fue Director del diario "Unión Nacional", en San Pedro Sula, 1953-1954; de "Prensa Libre", entre 1950 y 1952. Entre 1960-1966, fue Director del "Correo del Norte", de tinte gubernamental. Murió el 29 de enero de 1990.

Izaguirre, Carlos

Nació en Yuscarán, el 9 de enero de 1895 y murió en Washington, el 25 de julio de 1956 cuando se desempeñaba como embajador de Honduras. Poeta, narrador y diplomático. Uno de los ideólogos del régimen de Tiburcio Carías Andino. Estudió Magisterio y tuvo mucho éxito como empresario. Su novela "Bajo el chubasco", fue premiada en un certamen nacional en 1945. OBRA. Poesía: Desiertos y campiñas (1939); Nieblas (1941); La voz de las sombras (1948); Credo (1949); Lo que tal vez soñó (1951). Novela: Bajo el chubasco (dos tomos, 1945). Ensayos: Readaptaciones y cambios (1936); Alturas y abismos (1935); Pensamientos y reflexiones (1952). Su obra ha sido motivo de numerosos estudios, destacándose entre ellos los de Moisés Vincenzi (Madrid, 1952); Fernando Ferrari Bustillo (Tegucigalpa, 1947); José Llado del Cosso (Tegucigalpa, 1949); Raúl Arturo Pagoada (Tegucigalpa, 1947) y el de Francisco Hernández y Urbina (Tegucigalpa, 1943).

— El Cuento Emocionante —

EL NEGRO DE LAS NEGRURAS

por Samuel Díaz Zelaya

—"Este era un Negro"... —dijome cierta vez una Negra—. Haz un cuento que comience de esta guisa. Y yo, que me las pinto por quedar bien aunque todo me salga mal, alá voy corriendo el dugo y que Dios me saque en bienandanza y no en parihue'as...

oOo

Los treinta años de María Egipciaca se habían ido en vicio, esto es, que en lugar de marchitarla bajo el sol de seis lustros la conservaban lozana como una planta regada todos los días.

Franca de sonrisas y de palabras; con algo de soñadora y mucho de mujer de su casa; cuerpo robusto pero desengrasado, y un anchor de caderas precursoras de abundante prole, María Egip-

ciaca era una mujer interesante en las cuatro casas que formaban el vecindario de El Palmar.

Mozos de media barba y hombres de barba entera, dejaban caer en mitad del camino de su plácida hermosura el corazón, para que en él tropezara María Egipciaca. Pero ella evitaba los tropezones sonriendo maliciosamente, y algunas de las veces comentándolo con sabrosa mordacidad:

—Yo sé lo que me buscan y también lo que me escondo —en xtureros del camino—que no es un amor dentro'el pecho, sino otro amor dentro'el cuerpo...!

Y los hombres se quedaban intrigados, con asombroso respeto ante aquella mujer extraordinaria que no aceptaba el amor por conocer o demasiado y sin embargo jugaba con él, mismo que con los hombres y no se quemaba en sus llamas...

El Pa'mar era una especie de oasis en el rincón de un dilatado valle, con vacas y becerros en lactancia, enamoramiento de cabras, gallinas cacareando huevos, sombra invitadora bajo las palmeras y las cuatro casas, b'ancas, como si fueran de cal, todas con su puerta principal mirando hacia donde nace el sol.

En las noches claras, cuando parece que la luna cae en chorros ambarinos filtrándose por las hojas maltrechas de las pa'meras María Egipciaca era al punto rodeada por la vecindad de El Pa'mar; para que les "echara un

cabo" de lo no sabido o les re atara un cuento, que buena gracia le adornaba y argumentos a porfía.

oOo

—Este era un Negro...

—No —atajó suspirando— éste no es un cuento sino una historia, cuyo recuerdo me lambe el corazón con la carrasposidad de una lengua de vaca y los ojos me se humedean, como si fueran ojos de agua!

—Aunque le duela. el recuerdo, suelte acá esa conseja, niña Jilciaca —rogó un mozo con voz de fa'cete, a quien la pubertad denunciábasele en el bozo de su labio superior.

—Que semos todos oídos —añadió otro.

—A no se ruege, niña —apoyó una comadre.

—Y ¿qués el miedo, eh! —animó un cipote cascada pulgas del vellón negro de un gato.

Y María Egipciaca, que para las ex'genc'as de esta naturaleza era como la cua frente al fuego, vo'vió a suspirar cual si hiciera acopio de recuerdos, y

—Allá en el bajío —comenzó — vivía una niña llamada Jelipa, de cuyo ape'lido no hago gracia.

Tenía una cara que ni la Magalena, la que absorbió sus pecados Nuestro Señor, unos ojos como dos luceros y un cuerpo que ni pintado.

Jelip ta vivía con sus padres y sus tres hermanitos en una finquita del bajío, como me dije; andaba en los quince años y esto lo sabía su mamá y su papá y... también lo sabía el Negro po'... Negruras, quera Negro por que era negro, y los Negruras porque sólo se aparecía en las noches prietas sin luna.

—Manitaaas! Manitaaas! — grito el cipote cascador de pulgas, temblando de miedo.

En primer término el señor Ministro de la Guerra, Dr. Gálvez. Al fondo el profesor don Carlos Izaguirre, diputado notable e intelectual eminente. El profesor Izaguirre es poseedor de una admirable pericia militar y de un valor que le honra.

El escritor y diputado Carlos Izaguirre apunta...
31 de agostos de 1937.

J

Joya, Pablo Ulises

Oriundo de Choluteca, nacido el 5 de octubre de 1910. Sus padres fueron José de la Paz Joya y doña Josefa Moncada. Médico, graduado en la Universidad Central de Tegucigalpa en 1940. En 1944, cuando estalló la masacre del 6 de julio en San Pedro Sula, él era el médico de turno en el Hospital del Norte y le tocó atender a los múltiples heridos, muriendo otros en el transcurso de las atenciones. Murió en San Pedro Sula, el 2 de marzo de 2001.

K

Keena, J. Leo

Embajador norteamericano en Honduras. Nació en Detroit, el 12 de abril de 1878. Contrajo matrimonio con Eleonora Clarke, el 18 de agosto de 1906. Presentó credenciales, el 19 de julio de 1935, finalizando su gestión, el 1 de mayo de 1937. Sustituyó al embajador, Julius G. Lay. Le tocó vivir –e inmiscuirse–, seguramente en los vientos huracanados de la reelección de Carías. Murió en 1967.

Krehm, William

Escritor de origen canadiense. Nació el 23 de noviembre de 1913. Trabajó por muchos años como corresponsal de la revista americana "Time", lo que le permitió visitar varios países, entre los cuales, Honduras, a donde llegó a mediados de la década de los 30s –en pleno Cariato- y de su cercano conocimiento de los acontecimientos políticos de la época, redactó su magnífico libro, hoy rareza bibliográfica, "Democracias y tiranías en el Caribe", el cual apareció, en su edición castellana, en 1959. El capítulo dedicado a Honduras en el libro, es el número VI y lleva el subtítulo "En busca del ferrocarril". Murió en Toronto, el 19 de abril de 2019, a los 105 años de edad.

L

Lainfiesta, Margot
Escritora guatemalteca. Vivió en Honduras a mediados de los años 30´s y se convirtió en apologista del régimen de Carías, escribiendo dos libros: *Cámara lenta*, en 1935 y *El renacimiento de una nación*, en 1936,

Laínez Espinoza, Carlos
Nació en Tegucigalpa, el 20 de octubre de 1886. Fueron sus padres, Francisco Laínez y Sara Espinoza. Se casó con Amelia Fortín, el 8 de mayo de 1926. Fue Subsecretario de Relaciones Exteriores en la primera etapa del Cariato. Murió en 1956.

Laínez, Silverio
Sucedió a Antonio Bermúdez Meza, como Canciller de la república, convirtiéndose así, en el segundo funcionario en asumir las Relaciones Exteriores en el régimen de Tiburcio Carías Andino. Fue un hombre muy ilustrado, que desempeñó cargos como Ministro de Educación (gobierno de Francisco Bertrand, 1916-1918) y Hacienda (gobierno provisional de Vicente Tosta, 1924). Fue también un miembro brillante del Foro hondureño, ocupando puestos de relevancia en el mismo. Por sus méritos, el estado de Honduras, le concedió el Premio Nacional de Ciencias en 1955. Nació en Morolica, Choluteca, el 20 de junio de 1868 y murió en Tegucigalpa, el 23 de septiembre de 1956. Contrajo matrimonio el 22 de agosto de 1903 con la damita Concepción Membreño. Fueron sus padres, Valentín Laínez y Josefa de la Cruz Ponce.

Lardizábal Zúniga, Fernando

Nació en Tegucigalpa, el 20 de octubre de 1907. Hijo de don Antonio Lardizábal y doña Raimunda Zúniga. Realizó estudios en la Peekskill Military Academy, en Nueva York, de 1921 a 1925. Más tarde, realizó estudios posteriores de Jurisprudencia en la Universidad Central de Honduras, de 1927 a 1931. En 1933, en pleno advenimiento del Cariato, fue nombrado Jefe de Protocolo de la Cancillería hondureña. El 3 de mayo de 1930, contrajo matrimonio en Tegucigalpa con la señorita Eva María Isolina Guilbert Lozano. Como diplomático, formó parte de la Misión Especial que viajó a Guatemala en el centenario de Justo Rufino Barrios, en 1935. En 1937, fue nombrado Encargado de Negocios en El Salvador. Murió en Tegucigalpa, el 16 de julio de 1995. Fue el padre del conocido dirigente del Partido Nacional, Fernando Lardizábal Guilbert.

Larios Córdova. Manuel

Nació en Yuscarán en 1896. Fueron sus padres, Gilberto Larios y Nela Córdova. Realizó estudios en el Instituto Nacional de Guatemala en 1914. Continuó estudios de Medicina en la Universidad de Columbia, entre 1920 y 1922. Se especializó en Radiología. Volvió a Honduras, después de ejercer su profesión en prestigiados hospitales estadunidenses, en 1928. Fue uno de los fundadores de La Policlínica en Comayagüela Se casó con Emma Bonilla Gutiérrez, hija del ex presidente Policarpo Bonilla, lo que le generó problemas con el Cariato. Murió en Tegucigalpa en 1949.

Lay, Julius G.

Embajador norteamericano en Honduras. Nació en Washington el 9 de agosto de 1872. Contrajo matrimonio con Anne Howard, el 10 de diciembre de 1904. Comenzó su gestión, el 31 de mayo de 1930, siendo Presidente Constitucional, Vicente Mejía Colindres. Cesó en sus funciones el 17 de marzo de 1935. Comenzaba en ese entonces la idea de la reelección del general Carías Andino, modificando la Constitución de 1924. Murió el 28 de mayo de 1939.

Leiva Barbieri, Héctor

Nació en Amapala, el 3 de octubre de 1903. Hijo del General Andrés Leiva y Hortensia Barbieri. Diputado de la Constituyente de 1936, que reafirmó el continuismo de Carías, por 6 años. Murió en Amapala, el 18 de enero de 1984.

Leiva de Holst, Helena

Nació el 4 de octubre de 1896, en Santa Cruz de Yojoa. Hija de Emilio Leiva Castro (1864-1945) y Florinda Ferrera Jiménez (1880-1931). Se casó el 21 de julio de 1921, en San Pedro Sula, con el caballero alemán, Henry Holst, quien había nacido en 1893. Por sus ideas contrarias a la Dictadura, doña Helena sufrió el exilio y vivió muchos años en Guatemala, como refugiada política. Viviendo allí, conoció a un joven médico argentino, que iniciaba su periplo revolucionario en América Latina y cuyo nombre era Ernesto Guevara. Helena Leiva volvió al país en 1956 y vivió en San Pedro Sula, hasta el día de su muerte, acaecida el 24 de agosto de 1978.

Lozano Díaz, Julio

Nació en la ciudad de Tegucigalpa, el 27 de marzo de 1885. Sus padres fueron Julio Lozano Travieso y Josefa Díaz González.

Graduado de Perito Mercantil y Contador Público. Trabajó en la empresa minera propiedad de Washington Valentine, Rosario Minig Company, en San Juancito. Se desempeñó como Administrador General y Gerente de la empresa de transportes terrestres "Dean" y Administrador de Rentas y Aduanas de puerto Castilla, La Ceiba y Tela. Vicepresidente del Congreso Nacional en 1933. Ministro de Economía, Hacienda y Crédito Público durante la administración de Tiburcio Carías Andino. Ministro de Relaciones Exteriores de 1937 a 1938. Casado con Laura Vigil. Experto negociador en el manejo de la deuda con los tenedores de bonos ingleses del ferrocarril interoceánico, contraída durante la administración del Presidente José María Medina. Vicepresidente de la República y Ministro de Gobernación, Hacienda, Fomento,

Sanidad y Trabajo durante la administración de Juan Manuel Gálvez (1949-1954). Cuando el Presidente Juan Manuel Gálvez, se retiró argumentando problemas de salud, el 15 de noviembre de 1954 deposita el poder en el Vicepresidente julio Lozano Díaz.

Al no producirse el quórum en el Congreso Nacional para efectuar la elección del presidente de acuerdo a los resultados de las elecciones del 10 de octubre de 1954, asume plenos poderes el día 6 de diciembre de 1954. Recibe la visita del Vicepresidente norteamericano Richard M. Nixon a Tegucigalpa, el día 17 de febrero de 1955. Convoca al pueblo hondureño para elecciones de una Asamblea Nacional Constituyente a celebrarse el día 7 de octubre de 1956. Sus seguidores fundaron el Movimiento Político "Unión Nacional", conocido como el "PUN". Se crea un movimiento armado que intentó derrocarlo el 1 de agosto de 1956. La coalición del "PUN" y el Movimiento Nacional Reformista alcanzaron una falsa abrumadora mayoría de votos en las elecciones de octubre de 1956. El 21 de octubre se produce un Golpe de Estado y se constituye una Junta Militar de Gobierno integrada por el general Roque J. Rodríguez, coronel Héctor Caraccioli y el ingeniero Roberto Gálvez Barnes. Falleció en la ciudad de Miami, Florida, el 20 de agosto de 1957.

Lunardi, Federico

Canónigo italiano. Vino a Honduras en 1939, en plena dictadura, nombrado como Nuncio Apostólico, por el Vaticano. Mientras realizaba estudios doctorales, se interesó mucho en aprender lo relativo a la literatura, paleografía, y sobre arqueología cristiana y romana. Tales conocimientos los puso en práctica en nuestro país, el que recorrió casi totalmente, recogiendo en dichos itinerarios, mucho material arqueológico hondureño. Además, era un apuntador extraordinario que tomaba notas de todo lo que acontecía en sus viajes, sobre todo cuestiones etnográficas. Estuvo por espacio de 10 años en Honduras. En 1948, caducando ya la dictadura, volvió a su país de origen, Italia, llevando consigo, gran parte de las notas y el material recolectado en sus viajes al interior del país. Lo que ahora se conoce como la Colección Lunardi, se guarda hoy en día en museos especializados de Génova. Se cree que para lograr sacar todo lo anterior del país, tuvo que estar coludido con autoridades y hombres fuertes del Cariato. Lunardi nació en Livorno, en 1880 y murió en Paraguay, de cáncer en la próstata, en 1954.

López Pineda, Julián

Nació en Gracias, Lempira, el 18 de octubre de 1882 y murió en La Haya, Holanda, el 5 de marzo de 1959. Poeta, narrador, periodista y diplomático. Sus padres fueron, el Coronel Julián López García y doña Feliciana Pineda. Se graduó como Abogado en El Salvador en 1913 y se incorpora ese mismo año a nuestra Universidad. Su labor en el periodismo se destaca al fundar y dirigir diversos periódicos en varios países centroamericanos. En El Salvador dirigió "Diario Nacional", en 1905 y El "Diarito", en 1909. En Guatemala dirigió el "Excélsior", en 1921; "Diario de Guatemala", 1924 y "El Mundo", 1927. En Honduras dirigió "El Día", ya desaparecido. El 1 de febrero de 1930, contrajo matrimonio en Tegucigalpa, con la señorita Juana Echeverría. Como diplomático fungió como Subsecretario de Relaciones Exteriores, encargado de Negocios de Honduras en Francia y como embajador ante Nicaragua; además, fue delegado ante La Haya, donde falleció. Fue el primer presidente de la APH y miembro de la Academia Hondureña de la Lengua.

DR. JULIAN LOPEZ PINEDA

El 21 de este mes hizo su ingreso a esta ciudad con procedencia de Managua el atildado periodista y distinguido diplomático Dr. don Julián López Pineda, Enviado Extraordinario y Ministro Plenipotenciario del Gobierno de Honduras ante el de Nicaragua.

A las 11 a. m. del propio día el connotado hijo de Honduras llegaba por los aires a bordo de un trimotor, al aeródromo del Toncontín, donde era esperado por un gran número de amistades y familiares.

Para el Dr. López Pineda, motivo de nuestra sempiterna admiración, el más respetuoso saludo.

Periodista y diplomático Julián López Pineda.

M

Machado Valle, Vicente

Nació en Talanga, el 11 de septiembre de 1906. Hijo de Lucio Machado y Luisa Valle. Realizó estudios en la Escuela Normal de Varones y los prosiguió en el Instituto Nacional. Se casó con Estela Banegas el 10 de junio de 1933 y tuvo dos hijos: Vicente y Estela.

Fue Cónsul en los Ángeles, California, de 1933 a 1936, y editor del diario oficial del régimen, La "Época". Murió en Tegucigalpa el 20 de abril de 1984.

Martínez Funes, Francisco

Militar. Nació en Concepción de María, Choluteca, el 26 de junio de 1867. Fueron sus padres, Jerónimo Martínez y doña Ramona Fúnez. En 1888, inicia su carrera militar en Choluteca, siendo Comandante de esa plaza, don Vicente Williams. En 1890, con motivo del levantamiento del General Longino Sánchez, llega a Tegucigalpa y se pone a las órdenes del entonces Presidente, Luis Bográn. Después de permanecer un tiempo en Nicaragua, regresa a Honduras en 1895, donde Policarpo Boinilla le da cabida en el ejército. En 1903, ya ostenta el grado de Capitán, y se involucra en la revolución que ha de llevar al poder al General Manuel Bonilla. Casado con Eulalia Castillo.

Participó en casi todas las revueltas armadas en el país durante las primeras tres décadas del siglo XX. En la revolución de 1924, fue uno de los cuatro jefes de la misma. Se ubicó siempre en la costa norte de Honduras, especialmente, la ciudad de San Pedro Sula. Falleció en Tegucigalpa, en el Hospital Viera, el 18 de junio de 1943. Al momento de su muerte, se desempeñaba como Comandante de Armas del departamento de Cortés. Está enterrado en el Cementerio General de San Pedro Sula.

Martínez Romero, Tomás

Comandante Militar. Jefe de la Policía Montada de Carías, la cual fue fundada en 1937. Arropado por la sangre nacionalista de su familia, participó desde muy joven en las montoneras de la época, siendo protagonista de la ocurrida en 1924, donde probó su valor y entereza militar. Nació en Tegucigalpa en 1902. Sus padres fueron, don Rubén Núñez, quien fuera Comandante de Armas en Choluteca y doña María Josefa Martínez. Tuvo dos matrimonios. El primero con doña Josefa Pavón, con quien procreó a Isidoro, Ruth y a Vicente. El segundo matrimonio fue en 1942, con doña Adilia Ponce, y procreó los siguientes hijos: René, Tomás, Esperanza, Francisco, Oscar, María Cristina, José Roberto y Juan Ramón. Realizó estudios de Bachillerato, para más tarde entrar a la Escuela de Cabos y Sargentos, donde coronó la carrera militar que ansiaba y para la cual estaba predestinado. Cuentan que Martínez, hacía gala de las múltiples heridas recibidas en los varios combates donde había participado.

Durante el Cariato, se le hace responsable de la denominada "masacre de San Juan", llamada así porque ocurrió en la comunidad garífuna de San Juan, barra costera del pueblo de Tela, en 1938, y donde se fusilaron varias personas inocentes, acusadas de ser liberales revoltosos y que se habían alzado en armas para apoyar el levantamiento contra el gobierno por parte del General Justo Umaña. Él siempre se declaró inocente de dicho cargo. El 12 de julio de 1959, cayó en desgracia al apoyar un cruento intento de golpe de estado contra el gobierno liberal de Ramón Villeda Morales y encabezado por el Coronel del ejército, Velásquez Cerrato. Martínez Romero, fue capturado y enviado a la Penitenciaria Nacional, donde en represalia por sus actuaciones pasadas, sufrió torturas, hasta que logró exiliarse en México. Regresó al país, después del golpe de estado de 1963, alejándose por completo de la vida política y militar del país. Con relativa paz, murió el 26 de julio de 1993, en su casona conventual del Barrio Buenos Aires de Tegucigalpa.

Martínez Galindo, Arturo

Escritor y brillante Abogado. Una de las juventudes más prominentes de Honduras. Murió asesinado en Sabá, Colón, el 4 de abril de 1940, supuestamente por órdenes del comandante de armas de Colón, Carlos Sanabria. Desde 1936, Martínez

Galindo, se había traslado hasta Trujillo, a ejercer libremente su profesión de abogado y estando en esa ciudad costera, fue testigo de los desmanes de Sanabria y fue acallado para que no atestiguara en forma escrita, tales desmanes. Martínez Galindo, fue hijo del aguerrido militar, Pilar Martínez, muerto al defender la territorialidad hondureña en 1907. Martínez Galindo, nació en Tegucigalpa, el 3 de septiembre de 1903, Fue fundador, junto a Froylán Turcios de la conocida revistas "Ariel" y formó parte del juvenil grupo intelectual "Renovación", creado en 1926.

Matute Canizales, Eugenio

Médico, de clara filiación nacionalista. Nació en Yoro, Yoro, el 3 de marzo de 1909. Se graduó de Médico, en 1938 en la Universidad Central de Tegucigalpa. En 1944, fungía como Director del Hospital del Norte, con sede en San Pedro Sula. La oposición liberal, lo acusa de haberse desatendido de los heridos que llegaron a ese centro asistencial, el fatídico 6 de julio de ese año, cuando una marcha pacífica fue abortada y salvajemente tiroteada por la soldadesca caríista, propiciando de esa manera la muerte de muchos de los participantes de la marcha, e hiriendo a otros. Para abjurar de tales incriminaciones, Matute Canizales, publicó en 1962, el folleto titulado: "El 6 de julio de 1944. Verdad contra falacia". Con el tiempo, fue nombrado Ministro de Educación en la Junta Militar de Gobierno, 1978-1980. Murió el 4 de julio de 2007.

Mejía Colindres, Vicente

Expresidente e Honduras, de 1929 a 1932. Fue el presidente que le entregó democráticamente el poder a Tiburcio Carías Andino. Militó siempre en las filas rojiblancas del Partido Liberal de Honduras. Nació en La Esperanza, Intibucá, el 6 de abril de 1878. Sus padres fueron, Vicente Mejía Velásquez y doña Juana Colindres Fortín, esta última, oriunda de Yuscarán, El Paraíso. Se casó en 1899, con la señorita Gumersinda Inestroza, por lo que pasó a ser concuño del bardo nacional, Juan Ramón Molina, pues este se había casado con Dolores de la Luz, hermana de Gumersinda. Salió voluntariamente al exilio en 1935, al presagiar las intenciones del General Carías de perpetuarse en el poder de la nación. Vivió 15 años en Costa Rica, ejerciendo su labor humanitaria de médico y regresó a Honduras, en 1950, cuando comenzaban a pasar las sombras del funesto "Cariato" y gobernaba el país, Juan Manuel Gálvez Durón, con aires democráticos. Tuvo la suerte de morir en el país, el 24 de agosto de 1966. Está enterrado en el Cementerio General de Tegucigalpa.

Mejía Perdomo, Vidal

Nació en Lucerna, Ocotepeque, el 28 de enero de 1883. Fueron sus padres Francisco Mejía y Jesús Perdomo. Después de cursar sus estudios primarios y secundarios en la vecina Santa Rosa de Copán, se trasladó en 1912 a Tegucigalpa para comenzar estudios de Derecho, pero no pudo inscribirse en la Universidad, pues Manuel Bonilla, gobernante por entonces, ordenó el cierre de la Universidad, por lo que tuvo que sobrevivir haciendo labores de periodismo.

Una gran ayuda en ese campo, fue el gran Froylán Turcios, quien lo nombra redactor del "Nuevo Tiempo", que Turcios había fundado por ese tiempo. En 1915, funda con el comayagüense Julián R. Cáceres, la revista literaria mensual "Helios".

En 1917, participa como redactor de la revista ilustrada "Germinal", revista semanal, que dirigía Francisco Lagos Cházaro. En 1918, se traslada a San Pedro Sula, ciudad donde funge como Administrador de Rentas hasta 1919 y ese año funda en compañía de Rubén Bermúdez Meza, el semanario "La Tribuna", instrumento político que abogaba por la candidatura del Dr. Nazario Soriano. En 1921, funda el periódico más importante fundado en su vida, "El Norte, que tuvo una larga vida. En 1923, asistió a un Congreso de periodismo en Mérida, Yucatán, México y posteriormente, en dos congresos más en Estados Unidos, en 1925. El 6 de diciembre de 1916, contrajo matrimonio con Herminia Otilia Matamoros, quien fuera la viuda de Juan Ramón Molina, con quien se casó por poder, en 1908.

En 1943, publicó junto a otros dos avezados periodistas, Antonio Ochoa Alcántara y Vicente Machado Valle, el libro "El arsenal de la democracia", producto de un viaje a los Estados

Unidos de América. Fue un periodista valiente e inclaudicable. Murió en San Pedro Sula, el 10 de julio de 1975.

Mejía, Romualdo Elpidio

Nació en San Francisco de La Paz, Olancho, el 21 de noviembre de 1905. Fueron sus padres, Andrés Mejía y Nicolasa Isaula. Realizó estudios de Comercio en El Salvador. Contrajo matrimonio con Cristina Valladares. Fue editor del diario oficial del gobierno Cariista "La Época". Publicó varios libros apologéticos al Cariato: "La obra patriótica del Congreso Nacional. El ideal continuista y el esfuerzo reivindicador" (1941) "4 de julio de 1944" (1945) y "La vida y la obra de un estadista" (1942). Murió en 1952.

Miralda Reyes, Timoteo

Oriundo de Yocón, Olancho. Nació el 2 de mayo de 1864. Fueron sus padres, Timoteo Miralda y Josefa Reyes. En 1884 se encontraba ya en Tegucigalpa, donde se mostraba como un alumno distinguido del Colegio Nacional. Posteriormente, cogió rumbo a Guatemala, donde logró titularse de Abogado. En 1897, ejercía como tal en Quetzaltenango. En 1898 se incorporó a la Universidad Central de Honduras, para poder ejercer su profesión en el país, como era costumbre. En 1898, salió electo como Diputado en la Asamblea Nacional Constituyente de la República de Centro América. Al año siguiente, se casó con la señorita María Inés Zelaya el 9 de marzo de 1899.

Después de ser un furibundo "Policarpista", como así se designaban los seguidores del ex presidente Policarpo Bonilla, en 1928, comenzó a pujar, desde diferentes medios de comunicación, por la candidatura del General Tiburcio Carías Andino. Medios como Sufragio Libre" y "La Voz de Honduras", en La Ceiba, fueron testigos de sus apasionados discursos a favor de la candidatura de Carías. Es más, resultó electo representante de la Convención del Partido Nacional por el departamento de Atlántida para elegir el candidato del Partido para las futuras elecciones de 1928. Miralda Reyes, vivió siempre entre Estados Unidos y Honduras, gran parte de su vida, pues entre 1917 y 1919, ejerció cargos diplomáticos como Cónsul de San Francisco y Nueva York. Murió el 2 de marzo de 1955, a los 90 años de edad, en San Francisco, California y está enterrado Cyprees Lawn Memorial Park, en Colma, San Mateo County. Su esposa, María Inés Zelaya, que había nacido en Olancho, el 8 de mayo de 1877, murió también en California, el 26 de mayo de 1956, a la edad de 79 años. Está enterrada en el Holy Cross Catholic Cemetery, de Colma, San Mateo County, California.

El matrimonio Miralda-Zelaya, tuvo varios hijos. Eva Josefina, nacida el 21 de junio de 1904, en Tegucigalpa. Falleció el 8 de junio de 1979, a los 74 años de edad, en California. Francis, nacido el 27 de diciembre de 1918, en San Francisco, California. Murió el 7 de febrero de 2005, a los 86 años de edad, en California. Ricardo, nacido en California, en 1917 y muerto prematuramente el 11 de marzo de 1919, en el mismo lugar. Otros hijos: Timoteo Benito Miralda Zelaya, nacido 1903, Juticalpa y Justo Ricardo Miralda Zelaya, nacido en 1900, en Juticalpa

Miralda Santos, Adolfo

Polemista Liberal. Radicado en La Ceiba, fundó el diario de corte político "La Opinión" a favor de la candidatura de Vicente Mejía Colindres. Por ello sufrió exilio y persecución familiar en el país. Nació en Salamá, Olancho, el 21 de diciembre de 1874. Hijo de Valentín Miralda y Francisca Santos. Formó hogar con la escritora Francisca "Paca" Navas Gardela, en Juticalpa, en 1906. Vivió y escribió en La Ceiba, donde murió el 7 de febrero de 1954.

Moya Posas, Ángel

Periodista. Nació en Olanchito, el 4 de agosto de 1890. Hijo de doña Tomasa Moya y don Roque Posas. Realizó estudios de Magisterio en la entonces Escuela Normal de Varones de Comayagüela, lográndose graduar en 1915. Después de laborar por algún tiempo en la Escuela de Varones "Modesto Chacón" de su pueblo natal, se traslada a La Ceiba, donde en 1926, funda el diario "El Atlántico" que tendría una enorme proyección en el medio local y más tarde, nacional. Según su biógrafo oficial, Juan Fernando Ávila Posas, "Moya Posas, delineó la política de su periódico consecuente con sus convicciones doctrinarias, inclinando su pensamiento por el que consideró en aquel momento, el mejor estadista del país: el Dr. y General Tiburcio Carías Andino". Moya Posas, falleció en La Ceiba, un 21 de octubre de 1967.

Moya Posas, Horacio

Abogado y político al servicio del Partido Nacional. Nació en Olanchito, Yoro, el 21 de noviembre de 1897. Hijo de Roque Posas y de Tomasa Moya. Hermano del periodista, Ángel Moya Posas. Realizó estudios de Jurisprudencia en la Universidad Central de Tegucigalpa, graduándose en 1929. Trujillo fue la primera ciudad donde en 1933, ofrecía sus servicios profesionales.

El 2 de enero de 1935 y en Olanchito, contrae matrimonio con la escritora Emma Dolores Sarmiento, natural de San Esteban Olancho. Fue Diputado a la Asamblea Nacional Constituyente de 1936, que fue la que promulgó el continuismo de Carías. El 6 de junio de 1965, asumió como Designado Presidencial en el gobierno constitucional del General Oswaldo López Arellano. Murió de un certero infarto cardíaco, en Tegucigalpa, el 17 de mayo de 1982. Don Horacio y Doña Emma, fueron los abuelos del escritor honduro-salvadoreño, Horacio Castellanos Moya. Fue tío del fenecido poeta David Moya Posas.

Muñoz, Pineda, Plutarco

Uno de los hombres fuertes del régimen. Nació en la entonces aldea de Santa Rita, hoy municipio, en Santa Bárbara, el 28 de junio de 1879. Cursó estudios secundarios en los colegios "La Independencia", en Santa Bárbara y "La Fraternidad" de Juticalpa. Posteriormente, prosiguió estudios de Derecho en la Universidad Central, de donde egresó el 8 de febrero de 1913.

Desde 1926, ejerció la Diputación al Congreso Nacional, como representante del departamento de Yoro. Fue Alcalde de ese municipio, en 1922. En abril de 1933, contrajo matrimonio con la señorita yoreña Pura Valladares Flores. Entre 1939 y 1948, ejerció como Presidente del Congreso Nacional, sustituyendo al Licenciado Antonio Clavasquín Rivera. Formó parte de la comisión que redactó las modificaciones constitucionales, que permitieron la reelección de Carías, en 1936. Murió en Yoro en 1958.

**General Francisco Martínez Funes (centro), y parte
de su estado mayor en la Guerra Civil de 1924.**

N

Navas Gardela, Alejandro

Periodista y publicista del régimen. Nació en San Esteban, Olancho, en 1890. Hermano de la novelista hondureña, Paca Navas de Miralda. Después de la revolución y caída de Manuel Bonilla, salió del país en 1911 y se autoexilió en El Salvador, Guatemala y México. En este último país, recaló en Chiapas, donde se dedicó de lleno a una labor periodística encomiosa, al fundar varios diarios y acompañar como redactor, a otros. Además de ello, en esa etapa, contrajo matrimonio con la señorita chiapaneca, Julia Consuelo Zambrano Trujillo, el 4 de diciembre de 1917. En 1919, fundó en Tuxla Gutiérrez "Liberación"; en 1920, fundó en Chiapas, "La Información" y "Lux Luminé". En 1921, publicó en Chiapas, el libro "Campaña Gris. 1919-1920", refiriéndose a sucesos políticos en esa región donde habitó.

En 1928, retorna a Honduras y comienza a trabajar en "El Nacional", en San Pedro Sula, para a Tegucigalpa y pasar a convertirse en el primer director del recién fundado diario oficial "La Época", en 1933, en Tegucigalpa. Viviendo en esa y en ese mismo año, redactó el libro apologético "Hombres y Cosas", en unión de Manuel Santoveña, recién comenzado el período constitucional del General Carías. En 1934, asesinó impunemente a su compañero periodista, Marcial Rivera Suazo, (ambos trabajaban en "La Época) quien, en 1927, escribió un libelo contra Carías y sus allegados, algo que el Partido Nacional, nunca le perdonó. Murió en Tegucigalpa, el 1 de julio de 1960. Su viuda que había nacido en 1896, murió en la ciudad de México el 24 de julio de 1973.

Navarro Reina, Miguel Ángel

Polemista liberal. Nació en Tegucigalpa, el 8 de mayo de 1862. Fueron sus padres, don David Navarro y doña Isabel Reina. El 22 de febrero de 1901, contrajo matrimonio en Tegucigalpa, con la joven María Asunción Castro. En su ruita de vida, vivió en El Salvador, Guatemala y Nicaragua. En Honduras, fue Presidente de la Asamblea Constituyente de

1907. Fue Diputado al Congreso Nacional por muchos años y Diputado al Congreso Federal. Además, desempeñó importantes cargos en la esfera gubernamental nacional. Como periodista, fue Director de "El Cronista" y de "Rojo y Blanco". Fue una de las primeras víctimas del Cariato. En 1933, cansado y enfermo, se encontraba exiliado de su país y obtuvo permiso para ingresar a su patria a donde volvió el 5 de diciembre del año mencionado, muriendo en Tegucigalpa, el 14 de diciembre de 1933. Está enterrado en el Cementerio General y el Consejo Supremo del Partido Liberal de Honduras, le dio los últimos honores a su nombre y a su alma. Uno de sus hijos fue el intelectual Miguel Ángel Navarro Castro, connotado educador y escritor.

O

Ochoa Montoya, Abraham

Maestro y político. Nació en Tegucigalpa, en 1893. Fueron sus padres, Ambrosio Ochoa y Elena Montoya. Realizó estudios de Magisterio. En mayo de 1914, contrajo matrimonio en Tegucigalpa, con la señorita Juana Amador. Se trasladó a vivir a La Ceiba a ejercer su profesión de Maestro. Estando allí comenzó a activar en el Partido Nacional al lado de otros bien renombrados nacionalistas, como los hermanos Moya Posas, Simón Reyes Jacome, Raúl R. Cueva Villamil y otros. Se convirtió en Presidente del Comité Pro Carías en La Ceiba, lo que le trajo problemas internos con otro aspirante a ese cargo: Ignacio Urtecho Ayala, quien el 4 de noviembre de 1934 y después de una acalorada discusión política con Ochoa, terminó matándolo de un disparo en el cuello, en la cantina" Nuevo Mundo" del comerciante español Pedro Uribe. Al momento de su muerte, Ochoa se desempeñaba como Director del Instituto "Manuel Bonilla" de La Ceiba. Ese crimen entre colegas —ambos eran Maestros— y correligionarios, presagiaba la violencia vernácula del Cariato. Tres años después del hecho, Urtecho Ayala, caería víctima de un pistolero local.

Ochoa Alcántara, Antonio

Formó parte del grupo de intelectuales y escritores que rodearon a Carías. En 1933, fue nombrado Director de la Biblioteca y Archivo Nacionales Fue Abogado de profesión, reconocido periodista y autor de varios libros de poemas y ensayos, destacando en este campo, los titulados; "El arsenal de la democracia", 1943 y "La fragua de la victoria", 1944. Fue en 1939, gobernador político de Tegucigalpa. En la década de los 40, desempeñó varios cargos en la diplomacia del Cariato. Ochoa Alcántara, nació en Tegucigalpa, el 4 de abril de 1883 y murió en la misma ciudad en 1968.

Osorio, Luis Antonio.

Nació en San Marcos de Colón, el 14 de diciembre de 1892. Fueron sus padres, Ruperto Osorio y doña Luisa Ordóñez. En 1919, se casó con la señorita Esther Sandoval. Fue Diputado en la Constituyente de 1936, donde se fraguó el continuismo cariísta.

Oviedo Pastor, Matías

Nació en El Paraíso, El Paraíso, el 24 de febrero de 1887. Fueron sus padres, Trinidad Oviedo y Julia Pastor. En 1905, ya vivía en Tegucigalpa y trabajaba como escribiente de la Revista del Archivo y Biblioteca Nacionales. En vías de superación, cogió ruta hacia México y le tocó participar en la revolución de Madero contra la dictadura de Porfirio Diaz. Fue quizás el único hondureño interviniendo directamente en la revolución mexicana. De regreso al país, se casó en Tegucigalpa, el 11 de diciembre de 1915, con la señorita Adriana Valle Lazo, hija de Cornelio Valle y Josefa Lazo.

El matrimonio tuvo los siguientes hijos: Marina (1917), Olga (1920), Irma (1923), Norma (1924), María (1925) y Carlos Raúl (1931). Su carrera en el periodismo hondureño comenzó con la fundación del periódico "La Regeneración" donde estuvo desde 1916, acompañando en la dirección, al Profesor Manuel F. Barahona. Continuó con la publicación de "Excélsior", el cual era un diario vespertino, editado en Tegucigalpa en 1921. En 1923, fundó la revista "Los Sucesos", siempre en Tegucigalpa. En 1922 fue electo Diputado al Congreso Nacional, honor que compartió con Froylán Turcios y otros. En 1931, siempre en Tegucigalpa, dirigió el periódico "El Combate", de clara intención liberal. Fue un periodista de alta valía e insobornable. Sufrió exilio entre 1935 y 1937, en México, donde acompañó al líder liberal en el exilio, José Ángel Zúñiga Huete. En 1944, escribió el libro "Orientaciones". Murió en el exilio en San Salvador el 15 de noviembre de 1964, a sus 77 años cumplidos.

P

Paredes Fajardo, Francisco

Fue por dos veces el candidato a Vicepresidente por el Partido Liberal, en 1932 y 1948, acompañando al candidato, José Ángel Zúñiga Huete. Oriundo de Trinidad, Santa Bárbara, donde nació el 10 de abril de 1880. Fueron sus padres, Salvador Paredes y doña Simonita Fajardo. Abogado, graduado en Guatemala.

Fue fundador del Partido Unionista Centroamericano en 1917. Fue también Diputado al Congreso Nacional, Gobernador Político del departamento de Cortés. Murió en San Pedro Sula, el 6 de septiembre de 1959. Un hijo suyo, Héctor, salió herido en la masacre del 6 de julio de 1944, en San Pedro Sula y sobrevivió.

Paredes, Lucas

Oriundo de Trinidad, Santa Bárbara, nacido el 18 de octubre de 1899. Fueron sus padres, don Jacobo Paredes y doña Agapita Morillo. Periodista. Fundador de los periódicos "Nuestro Criterio" en 1927 y "Actualidades", en 1935. Usó el seudónimo de "Marcelo Artigas" para firmar los escritos aparecidos en "El Norte" de San Pedro Sula. Fue el primer apologista hondureño del General Tiburcio Carías Andino, al escribir una biografía que se llamó "Biografía de un hombre" publicada en 1938. Murió en Tegucigalpa, el 27 de junio de 1970.

Peraza, José Antonio

Fue un conocido médico e intelectual, Permaneció preso 89 días, del 17 de enero al 14 de abril de 1943, acusado de participar en el supuesto complot para asesinar al General Carías, y que iba a realizarse el domingo 21 de noviembre de 1943. Un año más tarde, 1944, volvió a caer preso, esta vez por participar en una multitudinaria marcha de protesta, acaecida en San Pedro Sula, su ciudad de residencia por entonces, el 6 de julio. Esta protesta pacífica en la que participaron cientos de obreros, mujeres y profesionales sampedranos, tuvo un fin trágico, al ser repelida por la policía y militares cariístas, muriendo en el acto, muchas vidas inocentes. Casi al fin de la jornada de protestas, Peraza, subió al segundo piso de la casa del comerciante palestino, don Jesús Sahury, desde donde, con unas pocas palabras, agradeció a la muchedumbre el haber participado en la protesta. Casi al unísono, se escucharon varios disparos rompiéndose así el orden pacifico de la manifestación y empañando con la muerte de inocentes, la protesta pacífica. Estuvo encarcelado desde el mes de julio hasta el mes de septiembre de 1944. Por fin, el 19 de septiembre de ese año, partió vía Puerto Cortés, hacia Puerto Barrios, Guatemala, comenzando así su exilio. Peraza, nació en Santa Rosa de Copán, el 1 de noviembre de 1904 y murió en San Pedro Sula, el 24 de marzo de 1981. Llegó a ser Ministro de Salud Pública.

Padilla, Visitación

Escritora, periodista, feminista y educadora. Nació en la aldea "Río Abajo", Francisco Morazán, el 2 de julio de 1882. Realizó estudios de Magisterio, graduándose en 1909. En 1913, al fundarse la más importante agrupación cultural hondureña de principios del siglo XX "El Ateneo de Honduras" ella será una de las únicas mujeres en tal agrupación, encabezada por intelectuales de la talla de Froylán Turcios y Rafael Heliodoro Valle. En 1917 y ante los ecos unionistas que recorrían Centro América, funda el periódico "Juan Rafael Mora", en Tegucigalpa.

En 1924, al gestarse la invasión del territorio nacional por un grupo de más de 200 marines estadounidenses, su voz se alzará fustigante desde las páginas del Boletín de la Defensa Nacional, dirigido por Turcios. En 1924, funda en Tegucigalpa, junto a un grupo de mujeres, el Grupo "Cultura Nacional" que, en 1926, durante el régimen democrático de Miguel Paz Baraona, obtendrán, vía decreto legislativo, la celebración de la efeméride "Día de la Madre". En 1930, sería la única mujer invitada a festejar, junto e eminentes periodistas nacionales, el Primer Centenario de la salida a luz pública del diario oficial "la Gaceta". En ese año, fundaría la revista "Regeneración y Prosperidad", vocero de la Liga Antialcohólica de Mujeres, entidad fundada también por ella. En 1934 y ante la trágica y súbita muerte del gran pintor nacional Pablo Zelaya Sierra, Visitación Padilla se encargará de formar el grupo "Zelaya Sierra" que velará por el nombre y el cuidado póstumo de la obra del pintor.

En 1948, en las vísperas de una posible sucesión presidencial, aboga por la terminación de la dictadura Cariista, desde las páginas de "El Ciudadano" y de "Orientación", lo que le hace ganarse un gran respeto político. Jubilada del Magisterio desde 1929, pasa la última década de su vida, en relativa tranquilidad tratando de organizar múltiples escritos de su obra como educadora, política y feminista. Naturalmente se encontraba presente el 25 de enero de 1954, cuando el gobierno de don Julio Lozano Díaz, reconoce los derechos políticos y civiles de la mujer hondureña, por lo que ella y otras notables mujeres habían luchado sin descanso alguno. Murió en Tegucigalpa, el 12 de febrero de 1960.

Pineda Maldonado, Leónidas

Oriundo de Langue, Valle, donde nació en 1880. Sus padres fueron Román Pineda y doña Macaria Maldonado. Fue Subsecretario de Guerra y Marina, durante el Cariato. Se casó con la señorita Hortensia Meza, en Comayagua, el 24 de marzo de 1933. En 1944, escribió un ensayo sobre Francisco Morazán. Murió en Tegucigalpa, el 15 de agosto de 1961.

Q

Quiñonez, José Tomás

Nació el 7 de marzo de 1886. Fue bautizado con el nombre de José Tomas de Aquino. Hijo natural de doña Dorotea Quiñonez. Fungió como Presidente del Distrito Central, de 1938 a 1947. Murió el 9 de octubre de 1963. Está enterrado en Jardines de Paz Suyapa, en Tegucigalpa.

Quesada Ponce, Urbano

Nació el 10 de julio de 1894 en Tegucigalpa. Fue hijo del Abogado Presentación Quesada, quien fuera Vicepresidente de Honduras y de doña Carmen Ponce. Terminados sus estudios primarios en la escuela privada del mentor nicaragüense, José Trinidad Cajina, continuó su secundaria en el Instituto Nacional. Pasó luego a la Escuela de Derecho de la Universidad Central de Honduras, de donde egresó en 1921. En 1933, en el inicio del Cariato, fue nombrado Inspector General de Hacienda. Su eficiente desempeño le valió para ascender y ser nombrado en 1943, Ministro de Hacienda. Se casó en 1937, con la señorita Cleotilde Cubas. Murió en Tegucigalpa, el 6 de julio de 1967.

R

Reina Fiallos, José María

Militar, como su legendario padre. Nació en Tegucigalpa, el 11 de marzo de 1898. Fueron sus padres, José María Reina Bustillo y doña Dolores Fiallos. Se educó en Honduras y en los Estados Unidos. El 23 de octubre de 1920, contrajo matrimonio en San Pedro Sula, con la señorita Blanca Bonilla. Fue Gobernador Político y Comandante de Armas de los departamentos de Cortés y Comayagua. Comandante de Armas de Tegucigalpa y fundador de la Revista Militar. Participó en muchas revueltas armadas, incluyendo la de 1932, cuando las huestes liberales se levantaron en armas para impedir el ascenso al poder de la nación del Gral. Tiburcio Carías Andino.

Murió en un confuso accidente de aviación en Estelí, Nicaragua, en febrero de 1933.

Reina, Camilo R. (Rivera)

Formó parte del eje policíaco-militar del Cariato. Se desempeñó como Director de la Policía Nacional. Nació en Tegucigalpa, del hogar formado por José María Reina y Dolores Rivera, el 13 de julio de 1881. Su primer matrimonio fue con Adelina Valerio, con la que procreó los hijos siguientes: Gilberto, Raquel (1911), Dolores (1920), Olga (1922) y Rafael Camilo (1916). Tuvo un segundo matrimonio con la señora Eva Rodríguez Corea y tuvo un hijo, Manfredo Jerónimo Reina Rodríguez. Murió en Tegucigalpa, el 21 de septiembre de 1953. Está enterrado en el Cementerio General.

Reyes Zelaya, Gregorio

Nació en Juticalpa, Olancho, el 13 de abril de 1898. Fueron sus padres, don Gregorio Reyes y doña Guadalupe Zelaya. Realizó estudios de Ingeniería en el extranjero, incorporándose a la Universidad Central, en 1920. Fue Ministro de Fomento, embajador de Honduras en México durante el período de Juan Manuel Gálvez y compañero de fórmula presidencial de Tiburcio Carías Andino en la fallida campaña presidencial de 1954, donde el Partido Nacional, se escindió en dos bandos y donde Carías luchó por recuperar la presidencia dejada por Juan Manuel Gálvez Durón. Murió en Tegucigalpa, el 20 de enero de 1990.

Reyes Yanes, Guadalupe

Médico y Poeta. Nació en Tegucigalpa, el 25 de enero de 1900 Sus padres fueron, el Coronel Guadalupe Reyes y doña Tomasa Yánez. El Coronel Reyes, alcanzó notoriedad pública, ya que por órdenes del presidente Terencio Sierra, capturó al gran poeta Juan Ramón Molina, a quien le dieron trabajos forzados, abriendo la carretera del sur. Después de culminar sus estudios básicos, se marchó para el Instituto Nacional de Managua, Nicaragua, donde se graduó de Bachiller en 1919. Posteriormente se trasladó a los Estados Unidos de América a realizar estudios de Medicina, en la Universidad de Georgetown, en Washington.

Al volver al terruño, trabajó en el Hospital de La Lima, Cortés y más tarde, en 1930, en Puerto Cortés. Posteriormente, se afincó en San Pedro Sula, donde fue socio de la Sociedad Unionista "La Juventud" siendo en 1933, Director de "El Heraldo", vocero de esa Sociedad. El 8 de noviembre de 1935 y siempre en San Pedro Sula, contrajo matrimonio con la señorita Vida Williams Hale, de nacionalidad norteamericana nacida en Nueva York, el 20 de noviembre de 1897. Siendo miembro del Partido Liberal de Honduras, sufrió persecución política y se exilió en los Estados Unidos, específicamente en Nueva York, a donde llegó el 6 de mayo de 1937. En el censo de 1940, aparece ya viviendo allí. Lo acompañan en ese periplo, su esposa, Vida de Reyes.

En 1920, publicó en Tegucigalpa, su primer y único libro "Cantos de juventud, versos, que fueron prologados por Luis Andrés Zúñiga y Alonso A. Brito. Murió en el exilio el 7 de marzo de 1991, a la madura edad de 91 años. Su madre, quien también le acompañó ya viuda, al exilio neoyorquino, murió en ese lugar, el 12 de noviembre de 1955.

Reyes Jácome, Simón

Abogado. Nació en el municipio de El Rosario, Olancho, el 28 de octubre de 1887. Fueron sus padres, Ildefonso Reyes y

Benita Jácome. Hizo sus estudios primarios en su municipio y los secundarios en el Colegio "La Fraternidad" de Juticalpa. En 1909, comenzó estudios de Leyes en la Universidad Central, graduándose en la famosa promoción de 1913, donde tuvo como compañeros de estudio a Juan Manuel Gálvez, después presidente de Honduras y a José Ángel Zúñiga Huete, contrincante de Carías y Gálvez en dos elecciones presidenciales. Una vez graduado se radicó en La Ceiba, ciudad emporio en ese entonces, donde se convirtió en su Alcalde en dos períodos.

El primero de 1934 a 1935 y el segundo, de 1941 a 1948, coincidiendo con el final del "Cariato". Además, fue Gobernador Político del departamento de Atlántida y Asesor Legal del "Banco Atlántida", el banco más fuerte de Honduras por entonces. Figuró como Diputado en la Asamblea Nacional Constituyente de 1924. Falleció en Nueva Orleans, el 10 de octubre de 1958. Estuvo casado con la señora María de la Cruz Cerrato.

Ribas Montes, Jorge

Nació en Tegucigalpa, el 5 de diciembre de 1920. Hijo del periodista español radicado en Honduras, Mario Ribas de Cantruy y de la guatemalteca, Rosa Montes Maldonado. Realizó estudios en la Academia Politécnica de Guatemala, país donde era originaria su madre. Al volver a Honduras, formó parte como Cadete Militar, del Batallón de la Guardia Presidencial. Fue capturado bajo la acusación de encabezar un levantamiento militar, una vez consumado el asesinato del General Carías. La fecha del levantamiento y del supuesto asesinato, era la del domingo 21 de noviembre de 1943. Al fallar el plan debido a los soplones del gobernante, fue capturado y guardó prisión por mucho tiempo. Posteriormente se unió a la Legión del Caribe y se afincó en Nicaragua, donde en 1954, fue detenido por conspirar contra la vida del gobernante Somoza García.

Fue encarcelado en Managua y en la madrugada del 20 de octubre de 1956, fue sacado de la cárcel y asesinado por el esbirro de la Guardia Nacional, Carlos Silva, de tres balazos. En honor a su epopeya revolucionaria, el poeta hondureño,

Felipe Elvir Rojas, le dedicó el poemario "Elegía", editado por el Ministerio de Educación Pública.

Rivera, Antonio C. (Clavasquín)

Uno de los máximos ideólogos del Cariato. En ese período, fungió como Presidente del Congreso Nacional desde 1935 hasta 1939. Antes de convertirse en hombre de confianza de Carías y en uno de los ideólogos del continuismo —fue el Presidente de la Asamblea Nacional Constituyente de 1936, donde se modificó la Constitución para permitirle a Carías el continuismo— fue Secretario Privado de Vicente Tosta y Ministro de Educación en el régimen de Miguel Paz Baraona. Nació en Comayagua, el 3 de abril de 1885 y murió en Los Ángeles, EE.UU., el 27 de marzo de 1939, cuando ejercía las funciones de Presidente del Congreso Nacional. Fueron sus padres, Antonio Rivera y Juana Clavasquín, oriundos de Comayagua.

Rivera Suazo, Marcial

Periodista. Fueron sus padres, Rafael Suazo y Margarita Rivera. En 1927 y en El Salvador, publicó un libro titulado "*El cortejo de la muerte*" en el que incluía los vejámenes, robos y asesinatos, cometidos por miembros del Partido Nacional antes de 1930, lo que lo convirtió en enemigo público de tal Partido, situación que terminó con la consumación de su asesinato, perpetrado por el "gatillero" Alejandro Navas Gardela, en Germania, el 25 de junio de 1934. Al convertirse al nacionalismo, trabajó como Jefe de Redacción del diario oficial "La Época" del Cariato, desde su fundación en 1933.

Rodríguez, Jesús María

Oriundo de Santa Rosa de Copán, donde nació en 1885. Su padre fue el Presbítero y Abogado, Jesús María Rodríguez y su madre, doña Prudencia Orellana. Se casó con la señorita María de los Ángeles Reyes Ulloa, el 27 de noviembre de 1912, en su natal Santa Rosa de Copán. Fue Ministro de Educación Pública de Cariato, entre 1933 a 1942. En su gobierno, se firmó el Convenio para la Restauración y Preservación de las Ruinas de Copán, convenio promovido por el famoso arqueólogo estadunidense, Sylvannus Morley. Además, se creó la Escuela Nacional de Música. Según, Mario Mimbreño, intelectual hondureño, "Rodríguez trató de hacer de la escuela hondureña y del magisterio, instrumentos de la dictadura. Muchas de las prácticas escolares respondieron al propósito de exaltar la personalidad del dictador y justificar el continuismo en el poder". Su hija, Antonieta, se casó con el aviador neozelandés y mercenario, Lowell Yerex. Murió en Tegucigalpa, el 24 de julio de 1942.

Rodríguez, María Antonia

Nació en Santa Rosa de Copán, el 17 de agosto de 1915. Fue hija de Jesús María Rodríguez, quien fuera Ministro de Educación del régimen de Carías Andino, y de María de los Ángeles Reyes Ulloa. Alcanzó notoriedad al contraer matrimonio con el mercenario Lowell Yérez, aviador neozelandés, que ayudó al cariísmo a afianzarse en el poder.

Rosales, Eduardo

Militar. Nació en Choloma el 25 de enero de 1891. Sus padres fueron Quirino Rosales y Raquel Hedman. En 1909, se gradúa de Alférez en la Escuela Militar de Tegucigalpa, dirigida entonces por el chileno Luis Segundo Oyarzun. Posteriormente y ya retirado de las labores militares, trabajó con la United Fruit Company, de 1917 a 1920, dirigiendo un barco por el río Ulúa y más tarde con la Cuyamel Fruit Company, de 1921 a 1924. Fue Comandante de Armas de La Ceiba, de Tela y de San Pedro Sula. Fue, además, Jefe Militar de Occidente y Jefe del Estado Mayor Presidencial. En 1933, y coincidiendo con el arribo del Gral. Carías al poder, es nombrado Comandante de Armas en Tela. El 6 de noviembre de 1937, contrajo matrimonio, con la señorita Estela P. Williams. Antes había tenido otro matrimonio con la señorita Concepción Estévez. Ese mismo año, se involucró en la masacre de los garífunas de San Juan, Tela, Atlántida, y persiguió a un derrotado, Justo Umaña, hasta su exilio en Guatemala. Murió en el Hospital de Tela, por dolencias cardíacas, el 3 de marzo de 1951.

S

Sanabria, Carlos F. (Funes)

Temido Comandante de Armas del departamento de Colón. Nació en Comayagüela el 21 de marzo de 1896, hijo de Carlos P. (Pino) Funes, militar, y Sara Sanabria. Hermano de Gregorio, el otro Sanabria. Se casó en Trujillo el 15 de enero de 1927, con la señorita Adelina Rosales. Según William Krehm, estudioso del Cariato y sus hombres, cuando los habitantes de Trujillo le contaron al General Carías sobre los desmanes de don Carlos, este, reflexionando un poco, les contestó: "Ojalá tuviera un Carlos Sanabria en cada departamento." Se le achaca el asesinato del escritor Arturo Martínez Galindo, ocurrida en Sabá, Colón, el 4 de abril de 1940. Carlos Sanabria, fue destituido de su cargo en 1955, por el entonces Presidente, Julio Lozano Díaz y al verse sin empleo y desprotegido de sus antiguos aliados, optó por asilarse en Guatemala, donde murió el 18 de abril de 1973, la edad de 77 años.

Sanabria, Gregorio F. (Funes)

Militar. Nació el 18 de mayo de 1894, en Comayagüela. Fueron sus padres Carlos P. (Pino) Funes y Sara Sanabria. Hermano del también Comandante, Carlos. Se casó con la señorita Concepción Izaguirre en Puerto Cortés, en 1924. Al morir doña Concepción, en Estados Unidos, donde está enterrada, contrajo matrimonio siempre en Puerto Cortés, con la señorita Clementina Adela Urbina, en 1930. En el Cariato, fungió como comandante de Armas de Puerto Cortes y de La Ceiba. En 1938, fue nombrado como Gobernador Político de Comayagua, puesto en el cual se mantuvo durante varios años.

Algunos hijos del comandante Sanabria del primer matrimonio, se asilaron en los Estados Unidos y allí murieron. Otra hija, Ángela, producto del segundo, murió también murió en Estados Unidos, en 2019.

Sanabria, Mariano

Militar. Alcanzó el grado de General, peleando en muchas revoluciones al lado del también General Tiburcio Carías

Andino. Casado con la señorita Carmen Segura. Murió el 7 de septiembre de 1939, en Amapala, cuando se desempeñaba como Jefe de Plaza de ese lugar.

Sanabria Castillo, Sara

Nació en Texiguat, hija de don Atanasio Sanabria y de María Antonia Castillo. Se casó en primeras nupcias con Carlos Pino Fúnez. Fue la madre de los Comandantes, Carlos, Gregorio y Manuel, este último menos famoso que sus hermanos y que durante el Cariato, manejó la guarnición militar de Iriona. En 1907, se casó por segunda vez con el señor Isabel Espinoza Cilindres, el 15 de agosto de 1907 y pasó a vivir a Tela, Atlántida, ciudad donde murió el 22 de febrero de 1938.

Sanabria, Salomón M. (Maradiaga)

Prisionero y víctima de la justicia Cariísta. Nació en Comayagua, el 20 de enero de 1913. En 1940, en defensa propia mató a un superior en Nueva Ocotepeque cuando él era Teniente; fue trasladado a la Penitenciaría Central donde fue objeto de vejámenes y torturas, que una vez purgada su pena, relata en el libro "La cárcel y mis carceleros" publicado en el exilio en México, en 1952.

Sarmiento de Moya Posas, Emma

Periodista y Poeta. Nació en San Esteban, Olancho, el 29 de noviembre de 1910. Fueron sus padres, Alejandro Sarmiento y doña Ramona Díaz Midence. Pionera del periodismo femenino en Honduras. El 12 de febrero de 1935, contrajo matrimonio con el Abogado Horacio Moya Posas, en Olanchito, Yoro. En 1950, con el poema "Mi abuela Concepción", resultó finalista de los Juegos Florales de Comayagüela. En 1955, publicó el libro "La jornada épica de Castillo Armas vista desde Honduras". Murió en Tegucigalpa, el 6 de noviembre de 1991.

Solís Juárez, Rufino

Comandante Militar de La Ceiba. Cayó en desgracia, cuando hizo públicas sus intenciones de convertirse en candidato del nacionalismo, en las elecciones presidenciales de 1948, por lo que fue destituido del cargo y nombrado Cónsul en

Nueva Orleans, evidentemente para alejarlo del país. Posteriormente, renunció de ese cargo. Los liberales, desunidos y sin liderazgo verdadero para enfrentar a los nacionalistas, pensaron llevarlo de candidato, pero el arreglo no tuvo resultado alguno, dada la intransigencia natural del candidato liberal de entonces, Zúñiga Huete. Nació en Yocón, Olancho el 12 de abril de 1887. Fue bautizado en la iglesia de El Rosario, el 25 de julio de 1887. Fueron sus padres, Ildefonso Solís y María Josefa Juárez. Se graduó de Bachiller, en Tegucigalpa, en 1909. Prosiguió estudios de Derecho en la Universidad Central, los cuales culminó en 1914, año escogido para casarse con la damita Rafaela Pagoaga, con la cual procrea a Gilma Virginia, María Julia, Oscar René y Lilia. La caída del expresidente Bertrand, 1919, lo arrojó al exilio político, primero en Nicaragua y después en Costa Rica. Regresó al país, en 1933, año en que fue nombrado Comandante de Armas de La Ceiba. En 1943, Manuel Villalón, escribió un libro apologético sobre él: *"Abogado y General Rufino Solís, trabajador y patriota, político y militar."*

T

Trejo Castillo, Alfredo

Abogado de profesión y articulista de muy buena pluma. Formó parte de los presos políticos del Cariato por escribir en "El Cronista", una serie de artículos en contra del gobierno, por lo cual el periódico mismo, fue clausurado. Nació en Comayagüela, el 20 de agosto de 1885. Fueron sus padres, Manuel Trejo y Concepción Castillo. Se graduó de Bachiller en el famoso colegio "El Porvenir" y prosiguió estudios en la Universidad Central, donde se graduó de Abogado, en 1913. En vida, ocupó varios cargos, entre ellos: Tesorero General de Carreteras, 1916-1918; Subsecretario de Guerra y Marina, 1919; Jefe de Protocolo de la Cancillería, 1925-1926; Presidente del Consejo de Estudios Territoriales de la Cancillería, 1929-1930; Consejero Comercial en la embajada de Honduras en España, 1930-1932. Murió en Tegucigalpa, el 23 de febrero de 1966.

Triminio Osorio, Pedro F. (Francisco)

Nació en la ciudad de Yuscarán, el 21 de octubre de 1895. Fueron sus padres don Pedro Triminio y su madre la abnegada Doña Cástula Osorio Banegas. En 1924 fue Comandante local en el pueblo de Talanga y en ese mismo año desempeñó el cargo de Mayor de Plaza en el departamento de Francisco Morazán. A continuación, fue Jefe Expedicionario de los departamentos de El Paraíso, Choluteca, Comayagua, Valle, Intibucá y Gracias.

En la revolución de 1924, siendo entonces Coronel, formó parte del ejército de Oriente junto a su hermano José Inocente Triminio. A comienzos de 1926 fue Jefe de la Plana Mayor Presidencial, y de la Guardia de Honor Presidencial, durante la administración del Dr. Miguel Paz Baraona. En 1930, fue Diputado al Congreso Nacional por el departamento de Francisco Morazán, logrando ser reelecto en su cargo durante varios periodos consecutivos hasta 1954. En 1931, fue Alcalde Municipal de Tegucigalpa. En 1933 fue Jefe Encargado de Guardia de Honor Presidencial y Jefe de la Fuerza

Extraordinaria, siempre de Casa Presidencial. En 1956 fue nombrado Jefe Expedicionario en Choluteca, departamento de El Paraíso y en Olancho, con motivo de las controversias de límites Honduro-nicaragüense. Muy notorio es decir que fue presidente del Comité Departamental del Partido Nacional, desde 1929 hasta 1948. En 1969 era miembro consultivo del Partido Nacional de Honduras. Al ascender a la Presidencia Carías Andino, en su primer período coloca en la Comandancia de Armas de Tegucigalpa, al General Pedro F. Triminio. Junto a su hermano forma parte de los diputados que establecieron la Constitución de 1936. El 8 de diciembre de 1939, presentó al Congreso junto a otros diputados, una exposición de motivos con el propósito de ratificar una vez más a Carias en el poder. Fue apresado en el año 1961 estando en su bufete, esto por las medidas tomadas contra nacionalistas en torno a la Masacre de los Laureles. El General Pedro Triminio murió en Tegucigalpa en 1975 y está enterrado en el Cementerio General. (Roger Triminio).

Triminio Osorio, Inocente

Nació en Yuscarán el 14 de febrero de 1887. Hijo de Pedro Triminio y Cástula Osorio, hermano del también Coronel Pedro Triminio. Los primeros dos años de educación primaria los hizo en Yuscarán y el resto en la Escuela No. 1 de la ciudad de Tegucigalpa. La secundaria, 1ro y 2do cursos, en el Instituto Nacional dirigido por don Pedro Nufio. En 1904, pasó a la Escuela de Cadetes fundada por el General don Manuel Bonilla, dirigida por don Luis Segundo Oyarzun. El 30 de enero de 1908 se graduó de Alférez e Instructor del Ejército. Posteriormente fue ascendido a Capitán el 7 de agosto del mismo año. El 3 de noviembre de 1910, fue ascendido a Mayor. El 6 de septiembre de 1919 a Teniente Coronel y el 10 de septiembre del mismo año, a Coronel. Ascenso que fue ratificado hasta el año de 1923, con el siguiente gobierno. El 8 de febrero de 1924, fue ascendido a su grado máximo de General de Brigada, por aclamación de las tropas revolucionarias y aplicando la Constitución de 1894. Ascenso que fue aprobado por el Jefe Ejecutivo General Tiburcio Carias Andino. Ocupó los cargos de Instructor y Secretario de la

Comandancia de Armas de Nacaome, en 1908; Instructor y Capitán de la compañía de Nacaome en el mismo año, y Mayor de la Plaza de Marcala, en 1909. Siempre el mismo año fue Comandante Local de Utila. Segundo Jefe de la Plana Mayor Presidencial; Segundo Jefe Expedicionario de El Paraíso y Olancho en 1911. Mayor de Plaza de Nacaome en 1913, Mayor de Plaza de Choluteca en 1916. Jefe Expedicionario de El Paraíso en 1917. En 1918, Comandante Seccional de Cedros, plaza ésta que fue atacada por los revolucionarios el 29 de julio de 1919. Primer Jefe del Primer Batallón que operó en el oriente de la república, en agosto del mismo año.

El 30 de enero de 1924 comenzó la revolución en Tegucigalpa, encabezada por el General Tiburcio Carias Andino y el General Inocente Triminio, organizó su tropa en el Barrio Viera con un número regular de 300 hombres. En 1924, fue nombrado Comandante y Gobernador Político hasta febrero de 1925, del departamento de El Paraíso. Seguidamente fue Jefe de la Primera Zona Militar de Honduras con asiento en Choluteca e Inspector Regional del Ejército en la misma zona. El 2 de marzo de 1933, fue nombrado colaborador del Ministerio de Guerra y Aviación. El 23 de marzo de 1949. Comandante Seccional de Amapala hasta el 13 de abril de 1955, fungiendo en cargos militares un total de 39 años consecutivos. Fue Diputado por el Departamento de El Paraíso en 1936. Murió en Tegucigalpa en 1971. (Roger Triminio)

Torres, Pascual P. (Pedro)
Nació en San Pedro Sula, el 23 de octubre de 1878. Fueron sus padres, Néstor Torres y Emilia García. Se graduó de Bachiller, en el Colegio "La Independencia" de Santa Bárbara, en 1902. En 1907, recibió el título de Abogado, en la Universidad Central de Honduras. Contrajo matrimonio el 14 de febrero de 1914, con la señorita Felipa Izaguirre. Durante el período de gobierno del Dr. Miguel Paz Baraona, actuó como Diputado cn cl Congreso Nacional. En tiempos del Cariato, se desempeñó como Gobernador Político de Cortés. Murió en San Pedro Sula, el 23 de mayo de 1955.

U

Ulloa, José Ángel

Abogado de profesión. Nació en Comayagua en 1903. Cayó prisionero del régimen en 1936, acusado de participar en un supuesto complot para asesinar al General Carías. De San Pedro Sula, lugar habitual de su residencia, fue traído a la Penitenciaria Nacional, donde sufrió torturas y cruentas vejaciones.

Logró salir de la prisión en 1944, después de pasar allí 8 años. Se exilió, muy deteriorado de su salud, en México, en 1947. Fue Oficial de Protocolo en el régimen liberal de Vicente Mejía Colindres y Ministro de Relaciones Exteriores en el gobierno liberal de Ramón Villeda Morales. Además, ocupó cargos diplomáticos en Holanda y Bélgica.

Contrajo matrimonio con Raymonde de Thuin, de origen belga y recordada maestra en la Escuela Normal de Señoritas de Tegucigalpa. Falleció en Tegucigalpa, el 14 de febrero de 1989.

Umaña Alvarado, Justo

Militar de profesión, simpatizante del Partido Liberal de Honduras. Nació en Cucuyagua, Copán, el 18 de noviembre de 1894, siendo sus padres, Justo Umaña y doña Petronila Alvarado. El 11 de junio de 1929, contrajo matrimonio en Tegucigalpa, con la señorita Aidé Inestroza Bustillo.

En 1937, se encontraba asilado en Guatemala, pero al consumarse el continuismo del General Carías Andino en la presidencia de Honduras. ingresó al país en forma clandestina por Belice y desembarcó en Tela. Atacó El Progreso, pero fue repelido, sufriendo fuertes bajos y se refugió en las montañas para volver a Guatemala.

Al regresar derrotado a ese país, fue detenido por las fuerzas del dictador Ubico, y se le dio muerte, sin piedad, aplicándole la famosa "ley fuga", el día 4 de agosto de 1937.

De las represalias por haber ayudado al desembarco de

Umaña en Tela, se ajusticiaron sin juicio alguno, a varios garífunas de la comunidad de San Juan.

Urbizo Vega, Benjamín

Nació en Esquipulas, Guatemala, el 14 de noviembre de 1877, Hijo de Santiago Urbizo y Patrocinia Vega. Muy joven emigró con su familia a Honduras, asentándose en Santa Rosa de Copán. Viviendo allí daría cabida a su pasión por el periodismo, al dirigir en esa ciudad, el semanario "El Progreso" y la revista "Minerva, ambos en 1904. Posteriormente se trasladó a La Ceiba, donde fundó junto a José Mercadal, un periódico que haría historia en esa ciudad: "Pro Patria" cuyo primer número saldría a luz, el 20 de junio de 1910. Pro Patria", además tendría su propia librería, papelería e imprenta. El 12 de marzo de 1915, contrae matrimonio en La Ceiba, con la joven Catalina Tablas. En 1924, se gradúa de Farmacéutico en la "Southern School Of Pharmacy" de Mobile, Alabama. En 1926, el gobierno de Miguel Paz Baraona, lo nombra Cónsul de Honduras en Los Ángeles, California. Muere en esa ciudad norteamericana, el 11 de diciembre de 1948, a los 71 años de edad.

Urbizo Vega, Ignacio

Nació en Esquipulas, Guatemala, el 11 de julio de 1888. Fueron sus padres, don Santiago Urbizo y doña Patrocinia Vega. A los 12 años, en 1900, se trasladó con su familia a Santa Rosa de Copán, donde comenzó y culminó sus estudios primarios, gozando de una beca otorgada por Manuel Bonilla, presidente de Honduras en ese tiempo. En 1906, ingresa a la Escuela Normal de Tegucigalpa, haciendo los dos primeros años de escolaridad para pasar después a Juticalpa, al famoso Colegio "La Fraternidad", donde los concluye en 1910. En su historial como Maestro, trabajó en Catacamas, Juticalpa y La Ceiba. En 23 de julio de 1912, contrae nupcias en Juticalpa, con la señorita Carlota Herrera Pineda, con la cual procrea 4 hijos. Por designios del destino, enviuda y contrae matrimonio por segunda vez, en La Ceiba, con la señorita Irene Maldonado, el 10 de junio de 1933. con la cual procrea dos niños. Afincado por fin en La Ceiba, donde ya se encuentra su hermano mayor Benjamín, trabaja en la Escuela Francisco Morazán" y es a la vez, Secretario de la Comandancia de Armas de la localidad. Doña Irene, su segunda esposa, fallece en 1955. Como periodista, Ignacio dirigió el semanario "Hombre Libre" y el semanario "El Combate", en 1948, ambos medios avivando la candidatura de Gálvez-Lozano. En 1956, dirigió el semanario "El Ceibeño".

Urtecho Ayala, Ignacio

Nació en Juticalpa, Olancho el 2 de mayo de 1904. Sus padres fueron León Urtecho Santos y Trinidad Ayala. Realizó estudios de Magisterio. Por esos avatares de la vida, se afincó en La Ceiba. Allí contrajo matrimonio con la señorita Teresa Durón. Dada su innata inteligencia y prestancia, escaló rápidamente en la escalera política local, convirtiéndose en una promesa del Partido Nacional de Honduras, a través del cual, llegó a ser Diputado por Atlántida en las elecciones de 1932. Sin embargo, su vida se vió marcada por el signo de lo infausto. En 1934, Fundó el periódico "El Sol" donde comenzó a bregar en el periodismo político.

En ese mismo año, después de una acalorada discusión partidista, asesinó de varios balazos al Profesor Abraham Ochoa, Presidente del Comité Nacionalista de La Ceiba, asesinato del cual salió bien librado aduciendo defensa propia. El 12 de septiembre de 1937, le llegaría el turno de pagar sus cuentas, pues fue asesinado por el ciudadano César Viada, respondiendo a una ofensa a su esposa por parte de Urtecho. Ignacio, era hermano del periodista José León Urtecho, afincado también en la zona atlántica del país. A la hora de su muerte, contaba apenas con 33 años de edad y desempeñaba el cargo de Registrador de la Propiedad del departamento de Atlántida. Profesor de Geografía e Historia en el Colegio "Manuel Bonilla".

Urtecho Ayala, León

Nació en Santa María del Real, Olancho, el 11 de julio de 1911. Sus padres fueron León Urtecho y doña Trinidad Ayala. Realizó estudios de Magisterio. Fue hermano de Ignacio Urtecho y tal como él, también vivió en La Ceiba, Trujillo y Tela, donde murió el 27 de diciembre de 2004, a los 93 años de edad. Como periodista, militó al servicio del Partido Nacional y dirigió varios medios publicitarios, entre ellos el semanario "Palpitaciones", de Trujillo, en 1947. Fue Director Departamental de Educación Primaría de Colón.

V

Velásquez, Rodolfo Z.
Nació el 5 de noviembre de 1896, en La Esperanza Intibucá. Fueron sus padres José Antonio Velásquez Padilla y Encarnación Hernández de Velásquez. Discípulo de los maestros Juan E. Flores y del que más tarde llegó a ser Monseñor, Martiniano Aguilar Villanueva. En 1913, al concluir sus estudios primarios, asumió la subdirección de la escuela pública del pueblo. En 1914, en la capital, hizo gestiones infructuosas para ingresar como becario en la Escuela Normal de Varones, dirigida por don Pedro Nufio. Se matriculó entonces en el Instituto Central para realizar estudios de Comercio, que abandonó tempranamente. Regresó a La Esperanza y se matriculó en la Escuela Normal de Occidente, dirigida por José Vicente Cáceres, en el que se graduó de Maestro de Instrucción Primaria en 1917. Inició su carrera docente en la escuela primaria de San José de Copán, atendiendo tres grados, y luego, durante cuatro años consecutivos, cinco grados en la escuela primaria de San Rita, del mismo departamento.

De 1924 a 1928 dirigió la escuela primaria y el Instituto "El Adelanto" (hoy Juventud Hondureña) de Ocotepeque, en el que enseñó Castellano, Matemáticas e Historia, trabajando ad honorem, como director y catedrático, los dos primeros años, 1924 y 1925, pues no había fondos para pagar su trabajo. En ese tiempo fueron alumnos suyos Ramón Villeda Morales, Juan Miguel Mejía y Carlos Manuel Arita, que descollaron en la vida política del país. Desempeñó la Dirección e Inspección Departamental de Enseñanza Primaria de Ocotepeque durante cuatro años y la Dirección e Inspección Departamental de Intibucá durante cuatro meses. Sirvió clases en el batallón y el presidio de La Esperanza. En 1933, por insistencia de sus amigos y del propio Ministro de Educación, doctor Jesús María Rodríguez, aceptó el nombramiento de Director de la Escuela Normal de Occidente. Con el propósito de elevar el nivel académico de dicha institución hizo llegar a La Esperanza maestros que se desempeñaban exitosamente en otros lugares del país. La obra importante que desarrolló ha hecho que se considere su período como "la edad de oro" en la historia de la Escuela Normal de Occidente. Organizó la Sociedad Procultura, los clubes deportivos para jóvenes y señoritas, la orquesta, la Cruz Roja. Fueron sus alumnos José María Palacios, Orlando Gómez Cisneros, Rafael Manzanares Aguilar, Lorenzo Marini, José Nicolás Pineda, que luego realizaron estudios universitarios.

Dejó la dirección de la Escuela Normal de Occidente en 1953. Quizá el más alto elogio del maestro y de su obra, sea el que formulara su discípulo Rafael Pineda Ponce, cuando dijo: "En tiempos del profesor Velásquez, la Escuela Normal de Occidente fue a manera de una pequeña Universidad, en la quietud provinciana de La Esperanza de ayer". La Misión Chilena, que en tiempos del doctor Carlos M. Gálvez, trabajó en la reforma de la educación del país. En visita que se hiciera a la Normal de Occidente, escribió en el acta correspondiente: "En esta escuela se entiende lo que es educar y se está educando".

El maestro Velásquez fue fundador de la Sociedad de Maestros de La Esperanza. Participó en el Primer Congreso Pedagógico celebrado en Tegucigalpa en el mes de enero de 1928, siendo Ministro de Educación el doctor Presentación Centeno. Asistió en 1952, al Seminario de Centro América y Panamá. Alcalde Municipal de La Esperanza, Juez de Letras de Intibucá, Diputado al Congreso Nacional y Diputado a la Asamblea Nacional Constituyente de 1936. A él le tocó leer el decreto donde se pedía el continuismo en el poder de Tiburcio Carías Andino.

Desde muy joven participó en el movimiento unionista centroamericano e incursionó en el periodismo como corresponsal de los periódicos capitalinos. En la prensa abordó los problemas de la política vernácula y los temas educativos. Rodolfo Z. Velásquez recibió en vida el reconocimiento de su obra. En 1952, los maestros de la Escuela Normal de Occidente lo condecoraron con una medalla de oro; en 1965, la Sociedad de Maestros de la Esperanza le entregó honroso pergamino; en 1966, el gobierno de la Republica le impuso la Medalla "Ramón Rosa". Varios centros educativos y de cultura llevan su nombre:

un jardín de niños en la aldea de la barra del Patuca; la escuela de la comunidad de Las Lajas, de Intibucá; la Escuela Acelerada de Adultos del Municipio de la Esperanza. El VII Congreso del Primer Colegio Profesional Hondureño (PRICPHMA) se bautizó con su nombre, así como la promoción de los años 1993-1994. Alguien dijo del maestro Velásquez que: "Nació para amar, vivió para servir y enseñar". Falleció a la avanzada edad de 93 años, el 20 de agosto de 1989.

Viana, Max F. (Fremiot)

Periodista y escritor. Nació el 21 de agosto de 1902, en Cozumel, Quintana Roo, México. Fueron sus padres, don Maximiliano Viana y doña Rosalía Delgado. Después de cursar su primaria, pasó a Belice a estudiar inglés y a Los Estados Unidos de América, donde cursó especialidades en Aviación, Periodismo y Taquimecanografía. En 1922, y de regreso a Honduras, se afincó en Puerto Cortés, donde consiguió varios empleos con las compañías fruteras estadunidenses agroexportadoras de banano.

Su carrera como periodista, la comenzó al fundar el mensuario "Mi Revista", en 1929, en Puerto Cortés y el semanario "Eco de Palestina" en San Pedro Sula, en 1930. Entre 1932 y 1934, fundó y dirigió el semanario "El Tiempo" y el diario "Excélsior", siendo también Redactor y Director interino de "El Marino" (mientras su Director, el paceño Heriberto Castillo se desempeñaba como Cónsul en Hamburgo, Alemania, recién comenzado el Cariato) todos ellos en la ciudad puerto. Colaboró con la prensa nacional y extranjera con producciones literarias de su propia inspiración (poemas y cuentos). El 30 de abril de 1930, contrajo matrimonio en P. Cortés con la agraciada señorita, Catalina Castillo. Fue el padre del escritor Edmar Cuauhtémoc Viana. Falleció en Puerto Cortés, el 13 de mayo de 1989.

W

Williams Calderón, Abraham

Nació en Choluteca el 16 de marzo de 1894. Fueron sus padres, el General Vicente Williams y doña María Calderón. Realizó estudios primarios y secundarios en su ciudad natal, precisamente en el Instituto "La Concepción". Se trasladó a los Estados Unidos para proseguir sus estudios en Boston y Nueva York, hasta concluir y graduarse de Ing. Civil. Al regresar el país, Williams Calderón, inicia su vida política al lado del Partido Nacional de Honduras y representó a su departamento en el Congreso Nacional. En 1924, fue Gobernador Político de Choluteca y Comandante de Armas de la cabecera departamental. En 1933, asume la Vicepresidencia de la república en la fórmula presidencial del General Tiburcio Carías Andino. Además de ser Vicepresidente, tomó la cartera adjunta de los Despachos de Gobernación y Justicia. En 1954, al experimentar el Partido Nacional, una división interna, Williams Calderón se postuló a la presidencia de la República a través del Movimiento Nacional Reformista, fundado por él, pero no tuvo el éxito deseado. Falleció el 24 de marzo de1986.

White, Harold A.

Militar estadounidense, quien se convirtió en 1941, en Director de la Escuela Militar de Aviación, al renunciar del mismo cargo, el estadounidense, Malcolm Stewart.

Y

Yerex, Lowell

Fue lo que podemos decir un aventurero extranjero que buscó fortuna en los cielos de Centroamérica, aprovechándose de las guerras y montoneras de principio del siglo XX. Nació en Nueva Zelanda, el 24 de julio de 1895. Realizó estudios en la Universidad de Valparaíso, en Indiana, Estados Unidos, donde se licenció en Empresas en 1916. Amante de la aviación, fue voluntario en la Real Armada Aérea Británica y participó como piloto en la Guerra Mundial en 1917, donde obtuvo el grado de Teniente. Prisionero de guerra por los alemanes, guardó cuatro años de prisión. En 1924, aparece en Honduras y se integra a la Revolución de ese año, como piloto.

En 1931, y como regalía por sus servicios prestados, compra varios aviones y gana la distribución del correo nacional. No satisfecho con ello, funda la empresa de aviación denominada "Transportes Aéreos Centroamericanos", conocida hasta nuestros días como "TACA".

Al trasladarse esa compañía a El Salvador, adquirida por nuevos propietarios, Yerex, se traslada a Trinidad Tobago, donde funda otra compañía de aviación, lo mismo que hizo más tarde en Brasil, al fundar lo que hoy se conoce como "Varig". Cansado de sus andanzas y éxitos comerciales, Yerex pasa sus últimos años en Argentina, donde fallece en 1968.

Lowell Yerex, el piloto que bombardeó Tegucigalpa en la
guerra civil de 1924.

Z

Zavala, Rosalío R. (Roberto)

Militar. Nació en Comayagüela, el 4 de septiembre de 1888. Hijo natural de Eulalia Zavala. El 2 de octubre de 1911, contrajo matrimonio en Tegucigalpa con la señorita Arcadia Valladares Flores. En 1919, fue ascendido de Mayor a Teniente Coronel de Policía. En 1933, es nombrado Director de la Academia de Policía. Fue periodista y escritor en temas especializados con la policía. En 1928, dirigió el semanario político "Defensor Nacional", vocero eleccionista del Partido Nacional. Entre los libros que escribió, están: *Libro de Educación Militar*, en 1925 y *Libro de Educación Moral Militar*, en 1927. En 1931, contribuyó a los lectores nacionales, con su *Tratado de Educación Cívica y Moral*. En 1939, era Comandante de Armas de Santa Bárbara. En 1944, tuvo el dolor de perder a su segunda esposa, doña Beatriz de Zavala. Murió en 1967.

Zepeda Durón, Fernando

Uno de los hombres fuertes del Cariato. Se distinguió como político y periodista. En este último campo, dirigió el diario "La Época", vocero oficial del régimen, desde 1934. Nació en Comayagüela el 17 de abril de 1894. Sus padres fueron Pablo Zepeda y Rosa Durón. Fue Alcalde de Comayagüela de 1933 a 1935 y Secretario del Congreso de 1940 a 1943. El 1 de septiembre de 1928, se casó con Lastenia Calderón, una de las hijas del prominente periodista, Manuel M. Calderón. Murió en Tegucigalpa, en 1958. Está enterrado en los Jardines de Paz Suyapa, de Tegucigalpa.

Zerón h, José

Escritor y publicista del Cariato. Nació en Puerto Cortés, el 16 de junio de 1916. En el año pico del Cariato, 1933, se graduó de Maestro, en Tegucigalpa. Posteriormente, realizó estudios de Bibliotecología en la Universidad Interamericana, de

Panamá. Laboró como Maestro en Puerto Cortés, Islas de la Bahía y Tegucigalpa. Se distinguió como un orador de fácil y elocuente palabra. Como publicita, escribió el libro apologético "Roosevelt y Carías Andino", en 1942.

Zúñiga, Huete, Juan Ángel

Este prominente político hondureño, figura sobresaliente del Partido Liberal, nació en la población de San Antonio de Oriente el 4 de junio de 1885 en el hogar formado por don José Manuel Zúñiga Medal y doña Hortensia Huete. En San Antonio existía una escuela privada y en ella conoció las primeras letras, pero sus padres deseaban para él una mejor preparación por lo que en 1892 se trasladaron a la capital y en la escuela "Villa de Concepción" de Comayagüela finalizó sus estudios primarios. En 1897 inició sus estudios secundarios en el colegio privado de Monseñor Ernesto Fiallos y en 1900 cambió para continuar su bachillerato en el Instituto Nacional dirigido en aquel entonces por el maestro don Pedro Nufio. Su temperamento y su pasión política se despertó a muy temprana edad porque cuando apenas contaba con 17 años, se alistó en los cuadros de la juventud liberal acompañando al Dr. Juan Ángel Arias que buscaba la Presidencia de la República, dejando inconclusos sus estudios teniendo que emigrar a Guatemala en 1903 cuando fracasó el proyecto político del Dr. Arias frente al general Manuel Bonilla.

En el vecino país concluyó sus estudios secundarios y retornó al país en 1904 activando en los movimientos políticos sin descuidar su preparación intelectual al tomar por equivalencia estudios de Magisterio en la Escuela Normal de Varones del profesor Pedro Nufio.

En 1909 ingresó a la Escuela de Derecho de la Universidad Nacional de Honduras siendo sus compañeros de estudio Antonio R. Reina, Carlos Laínez Espinoza, Constantino Garay, Gregorio Selva, Octavio Milla, Luis Suazo, José María Martínez, Simón Reyes Jácome, José María Matute, Juan Manuel Gálvez, Salatiel Rosales y Manuel Valladares Núñez Para 1913 comienza a bregar con energía en la política hondureña adversando al gobierno del Dr. Francisco Bertrand y producto de un artículo publicado en el naciente diario "El Cronista" titulado "Somos ciudadanos o somos esclavos", se le extrañó del país dirigiéndose a Costa Rica donde terminó sus estudios de Derecho.

En 1918 cuando regresa a Honduras se reencuentra con sus viejos amigos y compañeros, pero el accionar político los empieza a distanciar. La militancia, al calor de los enfrentamientos de la campaña de 1919, transforma en algunos de ellos, la amistad en enemistad. Zúñiga Huete apoyó las aspiraciones del general Rafael López Gutiérrez y contribuyó con su capacidad y tesón a la victoria de "Pacán" para que llegara al poder en 1920. Su recia personalidad lo convirtió en un hombre clave en su partido llegando a ocupar los cargos de Ministro de Gobernación y Gobernador y Comandante de Armas de Tegucigalpa, funciones estas últimas que le permitieron actuar en defensa de la capital durante el sitio de 1924 que no logró resistir frente a las fuerzas de la revolución comandada por Carías, Ferrera, Tosta y Martínez Fúnez, emigrando después de la derrota a El Salvador.

En 1929 al llegar al poder el Dr. Vicente Mejía Colindres, retornó a Honduras y el Presidente liberal lo nombró Encargado de Negocios de Honduras en Nicaragua, conociendo en esa época a la bella dama Clementina Tellería Somarriba, con quien contrajo nupcias en la ciudad de Managua. En 1931 la Convención Liberal lo proclamó candidato presidencial para suceder al Dr. Mejía Colindres enfrentándolo a la fórmula Carías-Williams del Partido Nacional. Antes del proceso y mientras se desempeñaba en la Comandancia de Armas de Tegucigalpa se produjo un movimiento armado que se conoció como "La noche de las traiciones" y al estar involucrado en el mismo fue extrañado nuevamente del país en 1932 después de conocerse la victoria comicial del general Carías. Zúñiga Huete viajó a México y mantuvo en el exilio el liderazgo liberal durante los 16 años del gobierno de Carías hasta 1948, cuando el liberalismo lo vuelve a postular como su candidato presidencial frente a su viejo amigo y ex compañero de

Derecho, Juan Manuel Gálvez. En septiembre de 1948, Zúñiga Huete y su partido deciden abstenerse de ir a los comicios señalados para el 7 de octubre de ese año y por los ataques contra Carías y Gálvez prefirió antes de ser apresado por sus ideas, asilarse en la Legación de Cuba y salir de nuevo a México donde residía su familia. José Ángel Zúñiga Huete, "El León del Liberalismo" fue además de un recio político, un brillante escritor. Investigó la vida política del General Morazán, y escribió un libro que editó en la ciudad de México en 1947 y tomó la decisión de vivir fuera de su patria mientras gobernaran sus adversarios.

Así en el mes de abril de 1953, víctima de problemas cardíacos a la edad de 67 años, su cansado corazón después de 50 años de arduas luchas se paró para siempre en la tierra azteca que le brindó su generosa hospitalidad. En la galería de los grandes conductores del liberalismo hondureño, el nombre de José Ángel Zúñiga Huete figura con iguales brillos que los de Céleo Arias, Policarpo Bonilla, José Ramón Villeda Morales y Modesto Rodas Alvarado.

Zúniga, José Lino.

Nació en el pequeño pueblo de San Manuel, Cortés, el 23 de septiembre de 1885. Se casó con Josefina Castillo en 1900. Fue durante el Cariato, Comandante de Armas de Francisco Morazán. Murió en Nueva York, el 8 de febrero de 1970. Carías, su jefe de toda la vida, falleció en 1969.

Zúñiga Vega, Medardo

Nació en Cedros, el 8 de junio de 1871. Fueron sus padres, don Luis Zúñiga y doña Trinidad Vega. Realizó estudios de Ingeniería Civil en Guatemala, los cuales terminó en 1888, incorporándose a nuestra Alma Mater, en 1889. Se casó por vez primera con doña María Josefa Guillén, en 1909, pero en 1916, quedó viudo. Transcurrió cierto tiempo y se casó por segunda vez, el 10 de diciembre de 1923, con Amalia Rosa, nacida el 19 de junio de 1896 y hermana del escritor y novelista vernáculo, Marco Antonio Rosa. Con doña Amelia, tuvo los siguientes hijos: Ada Marina, Rosa Eva, Teresa y Medardo h. Don Medardo formó parte de la comitiva hondureña que defendió los límites territoriales con Guatemala, en Washington en 1918. Lo acompañaron en esta defensa patriótica, Policarpo Bonilla, Rafael H. Valle y Félix Canales Salazar. Fue Decano de la Carrera de Ingeniería, de 1923 a 1926. Formó parte del gabinete del presidente Tiburcio Carías Andino, como Ministro de Fomento. Murió en 1957.

CONTENIDO

www.ingramcontent.com/pod-product-compliance
Lightning Source LLC
Chambersburg PA
CBHW020413130626
46549CB00006B/2543